AI와 리더십 브랜딩

AI문고

인공지능 시대입니다. 기계가 인간의 인지를 대신하고, 사물이 인간을 통하지 않고 다른 사물과 직접 커뮤니케이션합니다. 이에 따른 인간 삶과 문명 변화를 정확히 이해·예측·대응하는 것은 이 시대 우리 모두의 과제입니다. AI문고는 인공지능 기술과 환경의 여러 주제를 10가지 키워드로 정리합니다. 관련 개념과 이론, 학계와 산업계의 쟁점, 우리 일상의 변화를 다룹니다. 인간과 기술의 현재, 미래를 세심히 분석합니다.

일러두기

- 인명, 작품명, 저서명, 개념어 등은 한글과 함께 괄호 안에 해당 국가의 원어를 병기했습니다.
- 외래어 표기는 현행 어문규정의 외래어표기법을 따랐습니다.

처음이세요?

전문가세요?

AI와 리더십 브랜딩

김영경

대한민국, 서울, 커뮤니케이션북스, 2025

AI와 리더십 브랜딩

지은이 김영경
펴낸이 박영률

초판 1쇄 펴낸날 2025년 10월 16일

커뮤니케이션북스(주)
출판 등록 2007년 8월 17일 제313-2007-000166호
02880 서울시 성북구 성북로 5-11
전화(02) 7474 001, 팩스(02) 736 5047
commbooks@commbooks.com
www.commbooks.com

ISBN 979-11-430-1115-2 03500

책값은 뒤표지에 표시되어 있습니다.

차례

정체성의 위기와 리더십의 전환

리더십의 존재론적 질문

AI는 인간의 판단과 언어, 감정까지 흉내 내며 일상을 재구성하고 있다. 전략을 세우고, 보고서를 작성하고, 구성원과 대화하는 일까지 자동화가 가능한 시대다. 챗GPT(ChatGPT)는 몇 초 만에 완벽한 프레젠테이션을 작성하고, 클로드(Claude)는 복잡한 데이터를 분석해 전략적 제안을 내놓는다. 미드저니(Midjourney)는 창의적 시각 자료를 순식간에 생성한다. 이제 조직 안에서 "무엇을 할 것인가" 고민하는 일은 더 이상 리더만의 고유한 역할이 아니다.

그렇다면 기술이 정답을 제시하는 시대에 리더는 어떤 존재로 남을 수 있을까? 이는 단순한 기술적 질문이 아니다. 인간 존재의 근본적 재정의를 요구하는 철학적 물음이다. AI가 효율성과 최적화를 담당하는 시대, 리더는 '왜'라는 질문과 '어떻게'라는 방향을 제시해야 한다.

현재 글로벌 기술 기업들의 리더들은 이러한 변화를 인식하고 있다. AI 시대의 리더십은 기술적 역량과 인간적 가치 사이의 균형을 찾는 것이 핵심이다. 기술이 데이터 처리와 패턴 인식에서는 뛰어나지만, 가치 판단과 윤리적 선택, 그리고 의미 부여는 여전히 인간 리더의 고유한 영역으로 남아 있다.

이 책은 리더가 기술보다 먼저 자신에게 던져야 할 질문에서 시작한다. '나는 왜, 어떻게, 누구로 존재하는가?', '기술이 대신할 수 없는 질문을 나는 어떻게 살아낼 것인가?' 리더십은 더 이상 기술적 기능이 아니다. 이제는 '나는 무엇을 믿는가', '이를 어떻게 말할 것인가', '조직을 어디로 이끌 것인가'라는 세 가지 핵심 질문에 답하는 것이 리더십의 본질이다.

브랜딩으로 진화하는 리더십

리더십 패러다임 변화

전통적 리더십은 명령과 통제를 기반으로 했다. 산업화 시대의 리더는 정보를 독점하고, 방향을 지시하며, 성과를 관리하는 역할을 수행했다. 20세기 말부터 등장한 변혁적 리더십(Transformational Leadership)과 서번트 리더십(Servant Leadership)은 구성원의 동기 부여와 성장에 초점을 맞췄다.

하지만 AI 시대의 리더십은 이 모든 패러다임을 넘어선다. 정보는 실시간으로 공유되고, 전략은 알고리즘이 최적화하며, 성과는 데이터가 측정한다. 리더는 더 이상 '무엇을 할 것인가'를 결정하는 사람이 아니라, '왜 그것을 해야 하는가'를 설명할 수 있는 사람이어야 한다.

AI 시대에는 데이터 기반 의사 결정이 당연시된다. 하지만 아무리 효율적인 선택이라도 조직의 정체성과 맞지 않으면 리더는 그 방향을 택하지 않는다. 오히려 조직의 존재 이유와 가치에 부합하는 의사 결정을 하고, 그 이유를 설득력 있게 설명할 수 있어야 한다. 이를 위해서는 리더 스스로가 확고한 정체성과 일관된 메시지를 가져야 한다. 그것이 바로 브랜딩의 힘이다. 명확한 브랜드 정체성은 구성원들에게 신뢰를 주고 동기를 부여한다. 한편, 메신저와 AI 어시스턴트가 정보 전달을 담당하는 시대가 되면서 리더의 소통 방식에도 변화가 생겼다. 이제 리더의 메시지는 단순한 정보 전달이 아닌, 조직의 존재 이유와 나아갈 방향을 제시하는 것이어야 한다. 권위나 직급이 아닌 일관된 브랜드 정체성이 영향력의 원천이 된 것이다. 새로운 세대의 구성원들은 "왜 이 일을 해야 하는가"에 대한 명확한 답을 원한다. 리더는 명령과 지시보다는 설득과 공감을 통해 이들을 이끌어야 한다.

개인 브랜딩에서 리더십 브랜딩으로

'개인 브랜딩(Personal Branding)'이라는 개념은 톰 피터스(Tom Peters)가 1997년 8월 《패스트 컴퍼니(Fast Company)》에 발표한 "브랜드 콜드 유(The Brand Called You)"에서 시작되었다(Peters, 1997). 이후 로브 고피(Rob Goffee)와 가레스 존스(Gareth Jones)는 2000년 9월 《하버드 비즈니스 리뷰》를 통해 '진정성 있는 리더십(Authentic Leadership)'이라는 개념을 발전시켰다(Goffee & Jones, 2000).

하지만 AI 시대의 리더십은 이러한 전통적 접근을 넘어선다. 이 책에서 제시하는 '리더십 브랜딩'은 정체성 기반의 리더십, 즉 '나는 누구인가'를 명확히 정의하고, 그 정체성이 리더십과 연결되도록 구조화하는 과정이다. 단순한 이미지 메이킹이나 행동 변화가 아닌, 철학-메시지-행동의 정렬을 통한 존재의 브랜딩이다.

AI는 효율성과 판단의 일관성에서는 뛰어나다. 하지만 감정, 철학, 선택의 이유를 설명하는 데에는 한계가 있다. 인간 리더는 기술이 하지 못하는 '기준의 설정'과 '철학적 설계'를 통해 존재해야 한다.

실제 현장에서도 리더들은 AI 도구를 적극 활용하고 있다. 전략 수립, 데이터 분석, 보고서 작성, 비주얼 커뮤니케이션 등 과거 리더의 핵심 업무 영역이 AI의 지원을 받게 되었다. 그러나 이 도구들을 통해 만들어진 결과보다 더 중요한 것은, "이것이 나의 철학과 어떻게 연결되는가"라는 질문이다.

AI는 리더를 도울 수는 있지만, 리더가 될 수는 없다. 이것이 이 책의 핵심 전제다.

현실 진단과 미래 전망

한국 리더십의 현주소

딜로이트의 2023년 글로벌 인적 자원 트렌드 서베이에 따르면, 전 세계 105개국 기업 및 HR(인적자원 관리) 리더 1만 명 이상을 대상으로 한 조사에서 응답자 중 94%가 리더십 역량과 효과성이 조직의 성공에 중요하거나 매우 중요하다고 답했다. 그러나 현재 리더들이 불확실한 상황에서 효과적으로 조직을 이끌 능력을 갖추고 있다고 믿는 비율은 23%에 불과했다.

특히 주목할 점은 기업 리더들이 근본적인 업무 방식의 변화 필요성을 강하게 인식하고 있다는 것이다. '향후

2~4년 후에 업무 재구상(work redesign)에 초점을 맞출 것'이라고 응답한 리더가 59%로 나타났는데, 이는 2021년 조사 대비 2배로 증가한 수치다. 이러한 변화 인식은 팬데믹 이후 원격 근무의 일상화, AI 기술의 급속한 발전, 새로운 세대 직원들의 가치관 변화가 복합적으로 작용한 결과로 분석된다(Deloitte, 2023).

이는 급변하는 경영 환경에서 리더들이 단순한 관리 방식을 넘어 조직의 일하는 방식 자체를 재설계해야 한다는 압박을 느끼고 있음을 보여 준다. 동시에 리더들이 자신만의 철학적 기준을 정립하는 데 어려움을 겪고 있음을 시사한다.

한국 조직 문화의 특성상 위계와 권위에 의존한 리더십이 강했는데, AI 시대에는 이러한 방식이 더 이상 통하지 않는다. 새로운 세대 직원들은 권위보다는 논리를, 지시보다는 설득을 요구한다.

딜로이트의 2023년 Z세대 글로벌 보고서에 따르면, Z세대가 리더에게 가장 원하는 역량으로 '공감(empathy)'을 2순위로 꼽았다. 국내외 연구를 통해서도 MZ세대 직원들이 공감과 의미 있는 소통, 권위보다는 설득력 있는 리더십을 선호한다는 것이 일관되게 확인되고 있다. 하지만 기존 리더들은 이러한 변화에 적응하지 못하고 있다.

특히 한국 기업의 AI 도구 도입이 가속화되면서 리더의 역할 혼란이 가중되고 있다. 정보통신정책연구원의 2023년 AI 산업 및 도입 현황 보고서에 따르면, 국내 60% 이상의 대기업과 35%의 중견 · 중소기업이 AI 도구를 도입했으며, 삼성전자, LG전자, 네이버 등의 선도 기업은 90% 이상 도입을 완료했다. 이러한 급속한 AI 도입으로 인해 현장 리더들은 AI가 더 정확한 분석을 제공하는 상황에서 자신의 판단 역할에 대한 혼란을 겪고 있다.

AI 시대 리더십의 미래 전망

향후 5년간 리더십 환경은 더욱 급격히 변화할 것으로 전망된다. 가트너는 2028년까지 전체 엔터프라이즈 소프트웨어의 3분의 1이 에이전틱 AI 기능을 내장하고, 업무 의사 결정의 15%가 에이전틱 AI를 통해 처리될 것으로 예상한다고 발표했다. 또한 2026년까지 조직의 20%에서 현재 중간 관리직의 절반 이상이 AI로 대체될 수 있다고 분석했다(Gartner, 2024). 하지만 동시에 가트너는 에이전틱 AI 프로젝트의 40% 이상이 2027년까지 취소될 것으로 전망했다(Gartner, 2025). 이는 AI 기술 도입이 가속화되는 동시에, 준비되지 않은 조직과 리더에게는 실패 위험이 크다는 것을 의미한다.

이러한 변화는 리더십 역할이 단순 관리에서 벗어나, "기술-데이터-철학적 판단"을 통합할 수 있는 새로운 역량으로 전환되어야 함을 보여 준다.

이러한 변화 속에서 살아남는 리더의 특징은 명확하다.

첫째, 철학적 리더십이다. AI가 제시하는 여러 선택지 중에서 조직의 가치와 비전에 부합하는 방향을 선택할 수 있는 철학적 기준을 가진 리더다.

둘째, 스토리텔링 리더십이다. 복잡한 정보와 데이터를 구성원들이 이해할 수 있는 의미 있는 스토리로 변환할 수 있는 능력이다. AI가 정보를 제공하면, 리더는 그것을 인간의 감정과 연결되는 이야기로 만들어야 한다.

셋째, 적응적 리더십이다. 빠르게 변하는 기술 환경에 유연하게 적응하면서도, 자신의 핵심 가치는 흔들리지 않는 일관성을 유지하는 능력이다.

메타버스와 가상현실 기술이 발전하면 원격 리더십의 중요성도 더 커질 것이다. 물리적으로 만나지 않아도 강력한 영향력을 발휘할 수 있는 디지털 리더십 브랜딩이 필수가 된다.

이 책의 구성과 활용법

독자와 활용 방법

이 책은 세 유형의 독자를 염두에 두고 작성되었다.

첫째, 조직 내 실무 리더들이다. 팀장, 부서장, 임원급에서 자신의 철학과 영향력을 정렬하고자 하는 리더들이 주요 독자다. 이들은 이미 리더의 자리에 있으나, 자신만의 리더십 철학 정립이 필요한 상황이다. 특히 AI 도구 도입으로 인해 자신의 역할에 대한 재정의가 필요한 리더들에게 실질적 가이드를 제공한다.

둘째, 창업가 및 스타트업 최고경영자(CEO)들이다. 아이디어와 추진력은 충분하지만, 언어와 구조의 일관성이 부족한 경우가 많다. 투자자 앞에서는 이 모습, 직원 앞에서는 저 모습, 고객 앞에서는 다른 모습을 보이는 창업자들이 적지 않다. 이 책은 그들에게 일관된 메시지와 브랜딩 구조를 제시한다.

셋째, 미래 리더를 꿈꾸는 개인들이다. 구성원에서 향후 리더십 역할을 준비하고 있거나, 프리랜서나 전문직에서 개인 브랜드를 구축하고 싶은 사람들이다. 이들에게는 자기 탐색에서 시작해 브랜딩 실행까지의 체계적 로드맵을 제공한다.

독자별 학습 로드맵

이 책은 독자의 상황과 필요에 따라 다음과 같은 학습 경로를 제안한다.

실무 리더를 위한 집중 학습에서는 5~7장(가치 언어화 → 정체성 정렬 → 미래 설계)을 핵심으로, 1장(리더십 재정의)과 8장(실행 전략)을 보완 학습으로 한다. 목표는 기존 리더십 스타일을 브랜딩 관점에서 재구성하는 것이다.

창업가를 위한 전략적 학습에서는 2~4장(자기 탐색의 구조화)과 8~9장(실행과 AI 활용)을 핵심으로, 6장(정체성 기반 영향력 정렬)을 보완 학습으로 한다. 목표는 일관된 창업가 브랜드 정체성 확립이다.

예비 리더를 위한 체계적 학습에서는 1장부터 10장까지 순차적으로 완독한다. 목표는 리더십 브랜딩의 전체 체계와 개인 적용을 이해하는 것이다.

각 경로는 독립적으로도 효과적이지만, 시간이 허용한다면 전체를 읽어 보기를 권한다. 리더십 브랜딩은 통합적 접근에서 더 큰 시너지를 발휘하기 때문이다.

책의 구성

이 책은 "리더는 앞으로 어떻게 존재할 것인가?"라는 질문에서 출발한다. 이를 탐구하기 위해 리더십 브랜딩을 구성하는 10개의 핵심 키워드를 중심으로 구성했다. 각 장은 독립적인 글처럼 읽히되, 전체적으로는 리더의 자기 탐색에서 영향력의 실천으로 이어지는 체계적 흐름을 따르도록 설계되었다.

1장 리더십의 재정의에서는 AI 시대 리더십의 본질이 어떻게 변화하고 있는지를 다룬다. 성과 중심에서 존재 중심으로의 패러다임 전환을 구체적 사례와 함께 설명하며, 새로운 리더십의 정의를 제시한다.

2~4장 자기 탐색의 구조화는 리더가 자신을 탐색하고 이해하는 구조적 방법을 다룬다. 2장에서는 브랜딩 리더의 조건을 명확히 하고, 3장에서는 성격과 기질 기반의 자기 탐색 방법을, 4장에서는 스토리 기반 자원 발굴을 통해 정체성의 기반을 구축한다.

5~7장 메시지의 구체화에서는 정체성을 바탕으로 리더십 메시지를 만들어 간다. 5장에서는 가치와 철학을 언어화하는 방법을, 6장에서는 정체성 기반 영향력 정렬을, 7장에서는 미래 아웃컴 설계를 통해 구체적인 브랜딩 전략을 수립한다.

8~9장 실행과 도구에서는 실질적인 리더십 브랜딩 실천 방법을 제시한다. 8장에서는 퓨처 백(Future-back)

실행 전략을, 9장에서는 AI 시대의 리더십 브랜딩 설계법을 다루며, 구체적인 도구와 체크리스트를 제공한다.

10장 윤리와 지속 가능성에서는 시대적 요구에 부응하는 리더의 기준 설정을 다룬다. ESG(환경 · 사회 · 지배구조) 경영, 사회적 책임, 지속 가능한 리더십 등 현대 리더가 반드시 고민해야 할 윤리적 이슈들을 브랜딩과 연결해 설명한다.

모든 장은 실제 현장에서 검증된 접근법과 사례를 기반으로 구성되었으며, 독자가 직접 생각하고 설계할 수 있도록 실천적 구성 요소를 포함한다.

마지막 질문

이 책은 리더에게 한 가지 질문을 던지고자 한다.

> "나는 어떤 문장으로 기억되고 싶은가?"

스티브 잡스는 "늘 갈망하라. 늘 우직하게(Stay hungry, Stay foolish)"로 기억된다. 김범수 카카오 창업자는 "혁신으로 일상을 연결하다"라는 철학으로 기억된다. 이들의 공통점은 명확하고 일관된 메시지를 가지고 있다는 것이다.

브랜딩은 문장이며, 리더십은 그 문장의 구조다. 기술은 방향을 제시할 수 있지만, 존재는 질문을 살아 내는 일이다. 철학이 없으면 기술은 과잉이 되고, 감정이 없으면 실행은 메마르게 된다.

AI 시대의 리더는 기술을 잘 아는 사람을 넘어, 기술과 철학 사이의 균형점을 잡을 수 있는 사람이어야 한다. 이 책은 리더가 자신의 존재 기반을 명확히 하고, 그것을 메시지와 영향력으로 연결해 나가는 브랜딩 전략을 제시한다.

이 책이 당신의 존재 문장을 구조화하는 데 작은 나침반이 되기를 바란다. 그리고 당신이 만들어 갈 문장이 AI 시대의 새로운 리더십 패러다임을 만들어 가는 작은 시작이 되기를 기대한다.

참고문헌

Deloitte Insights(2023.1.9). Leading in a boundaryless world. Reshaping the way that you lead and influence others, https://www.deloitte.com/us/en/insights/topics/talent/human-capital-trends/2023/human-capital-leadership-outlook.html

Deloitte Digital(2023.3.26). Hey bosses: Here's what Gen Z actually wants at work, https://www.deloittedigital.com/us/en/insights/perspective

/gen-z-research-report.html

Gartner. (2024.10.22). Gartner unveils top predictions for IT organizations and users in 2025 and beyond, https://www.gartner.com/en/newsroom/press-releases/2024-10-22-gartner-unveils-top-predictions-for-it-organizations-and-users-in-2025-and-beyond

Gartner. (2025.6.25). Gartner predicts over 40% of agentic AI projects will be canceled by end of 2027, https://www.gartner.com/en/newsroom/press-releases/2025-06-25-gartner-predicts-over-40-percent-of-agentic-ai-projects-will-be-canceled-by-end-of-2027

Goffee, R. & Jones, G.(2000 Sept-Oct.). Why should anyone be led by you?. *Harvard Business Review,* 78(5), pp.62-70, https://hbr.org/2000/09/why-should-anyone-be-led-by-you

Li, F-F.(2023). *The worlds I see: Curiosity, exploration, and discovery at the dawn of AI.* Flatiron Books.

OECD Observatory of Public Sector Innovation(2023.1.3). AI Friends: Korea AI Adoption Survey. https://oecd-opsi.org/innovations/ai-friends/

Peters, T.(1997.8.31). The brand called you. *Fast Company,* https://www.fastcompany.com/28905/brand-called-you ; https://personalimpact.ca/wp-content/uploads/2015/08/thebrandcalledyou.pdf

01
리더십의 재정의

챗GPT가 전략을 짜고, AI가 보고서를 작성하는 시대다. 그렇다면 리더는 무엇을 해야 할까? 과거 리더는 '무엇을 잘하는 사람'으로 평가받았다. 하지만 AI가 이 모든 것을 더 빠르고 정확하게 처리하는 지금, 리더는 '어떤 존재인가'로 평가받는다. 기술이 '무엇을 할 것인가'를 결정하는 시대에, 리더는 '왜 그것을 해야 하는가?'를 설명할 수 있어야 한다. 그것이 AI 시대 리더십의 본질이다.

기후 위기와 인공지능?

존재 기반 리더십

리더십 패러다임의 변화

AI는 정보 분석과 판단에서 인간을 뛰어넘는다. 특히 속도와 정확도 면에서 말이다. 하지만 철학적 기준이나 윤리적 판단을 대신하지는 못한다. 리더십 연구에서 존재 중심(being-centered) 접근법이 주목받는 이유다.

존재 기반 리더십은 리더가 특정 역할이나 업무를 넘어, 그 사람 자체가 의미가 되는 상태를 말한다. 정체성, 철학, 메시지, 일관된 행동이라는 내면의 구조에 집중한다.

'파타고니아(Patagonia)'의 이본 슈어나드(Yvon Chouinard)를 보자. 그는 단순히 아웃도어 의류 회사를 운영하는 것이 아니라 "지구가 우리의 유일한 주주(Earth is now our only shareholder)"라는 철학을 일관되게 실현했다(Patagonia, 2022). 2022년 30억 달러 가치의 '파타고니아' 전체를 기후 변화 대응에 기부한 것은 그의 존재 자체가 파타고니아 브랜드와 분리되지 않는 상태가 되었음을 보여 준다.

리더십과 브랜딩의 결합

톰 피터스(Tom Peters)는 "The Brand Called You"에서 "당신 자신을 하나의 브랜드로 생각하라"며 'Me, Inc.'(나 주식회사)라는 개념을 제시했다. 개인이 하나의 기업처럼 자신만의 정체성과 메시지를 설계해야 한다는 것이다.

하지만 AI가 판단과 언어의 역할을 수행하는 시대에는 이러한 전통적 리더십 모델조차 근본적인 질문에 직면한다. "AI가 리더십을 대체할 수 있는가?" MIT의 에릭 브린욜프슨(Erik Brynjolfsson)과 앤드루 맥아피(Andrew McAfee)는 《제2의 기계 시대》에서 "AI는 인간의 인지 능력을 보완하지만, 창의성과 감정, 판단력은 여전히 인간의 고유 영역"이라고 분석했다(Brynjolfsson & McAfee, 2014).

이 지점에서 리더십과 브랜딩의 결합이 필연적으로 요구된다. AI가 효율성과 판단의 일관성에서는 뛰어나지만, 감정, 철학, 선택의 이유를 설명하는 데에는 한계가 있다. 인간 리더는 기술이 하지 못하는 '기준의 설정'과 '철학적 설계'를 통해 존재해야 한다. 바로 이 지점에서 브랜딩이 리더십의 핵심 도구가 된다.

실제 현장에서도 리더들은 AI 도구를 적극 활용하고

있다. 전략 수립, 데이터 분석, 보고서 작성 등 과거 리더의 핵심 업무가 AI의 지원을 받게 되었다. 그러나 이 도구들보다 더 중요한 것은 "이것이 나의 철학과 어떻게 연결되는가?"라는 질문이다. AI는 리더를 도울 수는 있지만, 리더가 될 수는 없다.

브랜드 리더의 핵심 요소

정체성 기반 철학

브랜드 리더는 자신이 누구인지, 무엇을 위해 존재하는지에 대한 명확한 답을 갖고 있다. 외부의 평가나 상황에 흔들리지 않는 내적 기준을 의미한다.

베트남 전쟁 포로였던 제임스 스톡데일(James Stockdale) 제독의 사례가 대표적이다. 그는 8년간의 포로 생활에서도 "나는 누구인가, 무엇을 위해 존재하는가"라는 정체성 기반의 철학으로 동료들을 이끌었다. 짐 콜린스는 이를 "스톡데일 패러독스"라고 명명하며, 현실을 직시하면서도 궁극적 신념을 잃지 않는 리더십의 본질로 분석했다(Collins, 2001).

메시지 구조화 능력

일관된 언어와 상징 표현을 통해 자신의 철학을 전달하는 능력이다. 복잡한 상황을 간단하고 명료한 메시지로 정리할 수 있어야 한다.

넷플릭스(Netflix)의 리드 헤이스팅스(Reed Hastings)를 보자. 그는 "자유와 책임"이라는 조직 철학을 바탕으로 높은 성과를 내는 직원에게 광범위한 자율성을 부여하고, 성과가 부족한 직원과는 솔직하고 투명한 방식으로 이별하는 문화를 구축했다. 이러한 철학은 넷플릭스의 모든 인사 정책과 기업 문화의 기반이 되고 있다(Hastings & Meyer, 2020).

영향력 확장성

조직과 외부로의 전파 가능성을 의미한다. 브랜드 리더의 메시지와 행동은 조직 내부에 그치지 않는다. 산업계와 사회 전반으로 확산된다.

세일즈포스(Salesforce)의 마크 베니오프(Marc Benioff)가 "1-1-1 모델(제품 · 지분 · 시간의 1%를 사회에 기부)"로 구현한 사회적 책임이 대표적이다. 이는 기업이 사회적 가치를 창출하는 새로운 접근 방식으로 주목받고 있다(Benioff, 2019).

지속 가능성

기술 환경 변화에도 흔들리지 않는 기준을 갖춘 상태다. 브랜드 리더는 일시적 트렌드에 휩쓸리지 않는다. 장기적 관점에서 일관된 방향성을 유지한다.

워런 버핏(Warren Buffett)의 "가치 투자" 철학을 보자. 50년 넘게 일관되게 유지되었고, 여러 위기 상황에서도 변하지 않았다. 변화하는 시대에 일관된 기준을 유지함으로써 더 큰 신뢰를 얻었다.

리더십 브랜딩 진화 단계

퍼스널 브랜딩 단계

개인의 정체성과 전문성, 강점을 바탕으로 자신을 차별화하고 인식시키는 과정이다. 영향력 범위는 개인과 소규모 커뮤니티에 한정된다. 자기 PR과 네트워킹이 주요 활동이다.

예시로 링크드인(LinkedIn)에서 "데이터 사이언스 전문가"로 개인 브랜드를 구축하는 직장인을 들 수 있다. 전문 지식과 경험을 바탕으로 한 개인적 차별화에 집중한다. 하지만 AI가 전문 지식과 기술적 능력의 상당 부분을 대체할 수 있어, 전문성만으로는 지속 가능한 차별화가 어렵다.

리더십 브랜딩 단계

정체성과 존재를 기반으로 한 리더십 브랜딩이다. "무엇을 하는가"가 아닌 "왜 하는가", "어떤 존재인가"를 중심으로 한다. AI가 할 수 없는 철학, 가치, 판단의 이유를 제시하는 브랜딩이다.

마이크로소프트 사티아 나델라(Satya Nadella)의 "성장 마인드셋(Growth Mindset)"을 예시로 들 수 있다. 이는 단순한 경영 전략을 넘어 지속적인 학습과 성장을 통해 "우리가 왜 존재하는가"에 답하는 존재 철학이다(Nadella, 2017). 그의 리더십은 기술적 성과보다 "왜 우리가 존재하는가"에 대한 답을 제시한다. 핵심은 정체성 기반의 일관된 메시지와 행동이며, AI가 대체할 수 없는 철학적 기준과 윤리적 판단력을 바탕으로 한다.

브랜드 리더 단계

리더 자체가 브랜드로 기능하는 상태다. 리더십 브랜딩의 결과로 개인의 존재 자체가 산업과 사회에 영향력을 미치는 브랜드가 된다.

일론 머스크(Elon Musk)의 "지속 가능한 미래" 철학이 대표적 예시다. 테슬라, 스페이스X, 뉴럴링크 등 서로 다른 산업에서도 일관된 철학이 관통한다. 이 단계의 특징은 개인의 철학이 여러 산업에 패러다임 변화를 일으키는 수준이라는 것이다.

AI 시대 리더십 변화

챗GPT 이후의 리더십 환경

2022년 11월 30일 챗GPT가 출시되었다. 리더십 환경은 근본적으로 바뀌었다. AI가 전략 기획서를 작성한다. 데이터를 분석한다. 심지어 조직원들과 코칭 대화까지 시도한다.

마이크로소프트의 사티아 나델라는 AI 시대에 리더의 역할이 기술을 통제하는 것이 아니라, 기술과 인간이 협력할 수 있는 철학적 기준을 제시하는 것이라고 강조해 왔다.

인간만이 할 수 있는 리더십

오픈AI의 샘 올트먼(Sam Altman)은 여러 강연과 인터뷰에서 AI 발전과 함께 인간 고유의 가치가 더욱 중요해진다고 강조해 왔다. 그는 GPT 개발 과정에서 기술적 성과

뿐만 아니라 윤리적, 철학적 기준을 세우는 것이 리더의 핵심 역할임을 여러 차례 언급했다.

AI는 데이터 기반의 최적해를 제시할 수 있다. 하지만 그 최적해의 방향성을 결정하는 것은 인간의 몫이다. 예를 들어 AI가 비용 절감을 위해 대량 해고를 제안한다고 하자. 그것이 조직의 장기적 가치와 부합하는지 판단하는 것은 리더의 철학과 기준에 달려 있다.

정체성 기반 리더십 브랜딩의 필요성

리더십의 본질이 기능에서 존재로 이동하고 있다. '정체성 기반 리더십 브랜딩'은 단순한 트렌드가 아니라 시대적 요구다. 리더는 무엇을 하는가보다 어떤 존재인가로 기억된다.

AI 시대의 리더는 전략가나 관리자에 머물 수 없다. 존재의 의미를 조직과 사회에 드러내는 브랜드여야 한다. 정체성과 철학을 바탕으로 일관된 언어와 메시지를 구사함으로써 브랜드 리더로 진화해야 한다.

참고문헌

Benioff, M.(2019). *Trailblazer: The power of business as the greatest platform for change.* Currency.

Brynjolfsson, E. & McAfee, A.(2014). *The second machine age: Work, progress, and prosperity in a time of brilliant technologies.* W. W. Norton.

Collins, J.(2001). *Good to great: Why some companies make the leap... and others don't.* HarperBusiness.

Hastings, R. & Meyer, E.(2020). *No rules rules: Netflix and the culture of reinvention.* Penguin Press.

Nadella, S.(2017). *Hit refresh: The quest to rediscover Microsoft's soul and imagine a better future for everyone.* HarperBusiness.

Patagonia(2022.9.14). Patagonia's next chapter: Earth is now our only shareholder. *Patagonia Works,* https://www.patagoniaworks.com/press/2022/9/14/patagonias-next-chapter-earth-is-now-our-only-shareholder

02
브랜딩 리더의 조건

챗GPT 출시 후 18개월 만에 전 세계 10억 명이 사용하게 된 현실. 이제 AI는 선택이 아닌 필수가 되었다. 하지만 많은 리더들이 여전히 '어떻게 AI를 활용할 것인가'에만 집중하고 있다. 진짜 질문은 'AI 시대에 나는 어떤 리더가 될 것인가'다. 기술이 모든 것을 처리할 수 있는 시대, 리더의 가치는 기능이 아닌 정체성에서 나온다. "무엇을 하는 사람"이 아닌 "어떤 존재인 사람"으로 기억되어야 한다. 그것이 브랜딩 리더가 되는 첫 번째 조건이다.

노래하는 AI 보컬?

AI 시대 리더십 브랜딩의 현실적 진단

AI가 전략 수립부터 의사 결정까지 지원하는 시대에 리더는 근본적인 질문에 직면한다. "AI가 할 수 없는 나만의 역할은 무엇인가?"

브랜드 리더는 이 질문에 명확한 답을 찾아가는 존재다. 기술과 인간성 사이의 균형점을 찾고, AI 도구를 철학적 기준에 맞게 활용하며, 변화하는 환경에서도 흔들리지 않는 리더다.

기존 리더십과 AI 시대 리더십의 근본적 차이

전통적 리더십은 의사 결정, 소통, 전략 수립 등 기능적 역량 중심이었다. 하지만 AI가 이러한 역량들을 빠르게 대체하면서 리더십 패러다임의 근본적 변화가 요구되고 있다.

AI 시대 리더십 브랜딩은 정체성 중심의 접근법을 택한다. 이는 "무엇을 할 것인가"보다 "나는 누구인가"를 우선시하는 철학적 전환이다. AI가 데이터 분석과 최적화된 설루션을 제공할 수 있지만, 그 설루션이 조직과 개인의 가치관에 부합하는지 판단하는 것은 여전히 인간 리더의 고유 영역이다.

애플(Apple)의 팀 쿡(Tim Cook)은 이러한 변화를 실제로 보여 준다. 그는 AI 시대에 "신중한 접근"을 통해 자신만의 리더십 정체성을 확립했다. 2024년까지 AI 도입에 신중했지만, 애플의 연례 개발자 콘퍼런스(WWDC)에서 "이제 AI 없는 아이폰은 생각할 수 없다"라며, 앞으로 애플의 모든 제품에 AI 기술이 핵심적으로 통합될 것임을 선언했다(Cook, 2024). 팀 쿡은 'Apple Intelligence(AI)'라는 용어를 새롭게 제시하며 AI를 사용자 경험의 핵심으로 설정했다. 이는 기능 중심이 아닌 정체성 중심의 AI 시대 리더십 접근법을 보여 준다.

AI 도구 활용에서 드러나는 리더십 정체성 혼란

현재 많은 리더가 챗GPT, 클로드(Claude), 바드(Bard) 같은 AI 도구를 업무에 활용하고 있다. 하지만 AI가 생성한 결과물을 자신의 가치관과 어떻게 조화시킬지에 대한 명확한 기준이 없는 경우가 많다.

예를 들어, AI가 비용 절감을 위한 인력 감축 방안을 제시했을 때, 이를 그대로 실행할 것인가? 아니면 자신의 인본주의적 가치관에 따라 다른 대안을 모색할 것인가? 이러한 판단의 순간에서 리더의 진정한 정체성이 드러난다.

에어비앤비(Airbnb)의 브라이언 체스키(Brian Chesky)는 명확한 가치 기준을 유지하는 모범 사례다. "모두가 AI를 바라볼 때 우리는 AI가 대체하지 못하는 서비스에 집중한다"라며 인간다움의 가치를 강조했다(송영찬, 2025). AI 고객 서비스 에이전트 적용에도 "사람과의 만남은 AI가 대체할 수 없다"라고 단언했다.

AI 시대 브랜딩 리더의 3대 핵심 역량

정체성 기반 자기 인식

AI 시대 브랜딩 리더의 첫 번째 핵심 역량은 자기 인식이다. 이는 단순히 자신의 강점과 약점을 아는 것을 넘어, AI가 제공하는 분석과 인간의 직관 사이에서 자신만의 판단 기준을 갖는 능력을 의미한다.

자기 인식은 가치관(진정 중요한 것), 역량(자신만의 강점과 AI의 강점을 구분하고 협업하는 능력), 행동(일관된 패턴)의 세 수준에서 이루어진다.

넷플릭스의 리드 헤이스팅스(Reed Hastings)는 이러한 자기 인식을 보여 주는 대표적 사례다. 그는 넷플릭스를 데이터 기반(data-driven) 기업으로 만들면서도, 동시에 창의적 콘텐츠를 위한 인간의 직관을 결코 포기하지 않았다. 추천 알고리즘을 적극 도입했지만, "창의성은 인간의 몫"이라는 핵심 가치를 일관되게 유지해 왔다 (Hastings & Meyer, 2020).

가치 중심 미래 설계

두 번째 핵심 역량은 미래 설계 역량이다. 이는 AI 기술 발전 속도에 휩쓸리지 않고 자신이 원하는 미래를 구체적으로 그려 내는 능력이다. 리더십 브랜딩을 위해 현재 모습을 포장하는 것이 아니라, AI와 함께 일하면서도 인간적 가치를 잃지 않는 미래 모습을 향해 일관되게 나아가는 과정이다.

AI 시대의 미래 설계는 개인적 비전("AI가 발달한 세상에서 나는 어떤 리더가 되고 싶은가?")과 사회적 가치("AI 기술을 활용하여 내가 만들고 싶은 변화는 무엇인가?")의 두 가지 관점을 포함한다.

엔비디아(NVIDIA)의 젠슨 황(Jensen Huang) 은 AI 시대 미래 설계를 잘 보여 준다. 그는 "AI가 모든 산업을 재정의할 것"이라는 명확한 비전을 제시하면서도, AI 기술이 인간의 능력을 확장하는 도구라는 철학적 기준을 일관되게 유지해 왔다(Huang, 2023).

진정성 기반 표현과 실행

세 번째 핵심 역량은 표현과 실행 능력이다. 이는 AI가 제안하는 최적화된 방법과 자신의 가치관을 조화시켜 진정성 있는 리더십을 구현하는 역량을 의미한다. 아무리 좋은 가치관과 비전을 가지고 있어도, AI 시대에 맞는 방식으로 이를 효과적으로 전달하고 행동으로 옮기지 못하면 브랜드 리더가 되기 어렵다.

표현과 실행은 언어적 표현(AI가 제안한 내용을 비판적으로 검토하고 자신의 언어로 재구성하는 능력), 비언어적 표현(AI 도구 사용 여부와 관계없이 일관된 행동과 태도), 의사 결정 실행(AI가 제시하는 여러 대안 중에서 자신의 가치관에 맞는 선택)의 세 영역에서 이루어진다.

AWS(Amazon Web Services)의 앤디 재시(Andy Jassy)는 AI 시대의 표현과 실행의 좋은 사례다. 그는 AI를 활용한 클라우드 서비스 혁신을 적극 추진하면서도 모든 의사 결정의 중심에 "고객 집착-고객의 성공이 우리의 성공"이라는 철학을 두고 있다(Jassy, 2024).

AI 시대 리더십 브랜딩을 위한 네 가지 실행 원칙

투명성 원칙

AI 시대 리더십 브랜딩의 첫 번째 실행 원칙은 투명성이다. 이는 AI 도구를 언제, 어떻게, 왜 사용하는지를 구성원들에게 솔직하게 공개하는 것을 의미한다. 숨기거나 속이려 하지 않고, AI와 인간의 역할 분담을 명확히 하는 태도가 신뢰를 구축한다.

줌(Zoom)의 에릭 위안(Eric Yuan)은 투명성 원칙의 좋은 사례다. 그는 2020년 보안 문제 발생 시 "90일간 신규 기능 개발 중단, 보안 집중"을 선언했다. 이후 줌은 AI 기능 도입할 때마다 데이터 처리 방식과 개인정보 보호 정책을 상세히 공개하며 투명성을 최우선 원칙으로 삼고 있다(Yuan, 2020).

일관성 원칙

두 번째 실행 원칙은 일관성이다. 이는 AI 도구를 사용할 때와 사용하지 않을 때 모두 동일한 가치 기준을 적용하는 것을 의미한다. AI가 효율적인 방법을 제안하더라도, 그것이 자신의 핵심 가치와 충돌한다면 거부할 수 있는 용기가 필요하다.

어도비(Adobe)의 샨타누 나라옌(Shantanu Narayen)은 이 원칙을 잘 보여 준다. 그는 2023년 어도비 맥스(Adobe MAX) 기조연설에서 "AI는 결코 인간의 창의성을 대체할 수 없다"라고 강조했다. 나라옌은 "창작자는 언제나 우선"이라는 핵심 가치를 유지했다(Kitchen, 2023).

학습 원칙

세 번째 실행 원칙은 학습 원칙이다. 이는 AI 기술과 함께 성장하되, 인간의 고유한 가치는 더 강화하는 접근이다. AI를 단순한 도구로만 보지 않고, 함께 발전하는 파트너로 인식하면서도 인간만이 할 수 있는 영역을 지속적으로 개발하는 것이다.

구글(Google)의 순다르 피차이(Sundar Pichai)는 이를 잘 보여 준다. 그는 구글 I/O 기조연설에서 AI 발전 속에서도 구글의 근본적 가치는 변하지 않는다고 강조했다. 즉, "AI는 모두가 정보에 접근할 수 있도록 돕는 도구"이며, 인간은 이를 통해 새로운 것을 배우고 확장해야 한다는 것이다(Pichai, 2019).

윤리 원칙

네 번째 실행 원칙은 윤리 원칙이다. 아무리 효율적이고 정확한 AI 기술이라 하더라도, 인간의 존엄성과 사회적 가치를 침해하는 방향이라면 사용하지 않는 것이 원칙이다. AI 시대의 리더십 브랜딩은 기술적 가능성보다 윤리적 타당성을 우선시해야 한다.

IBM의 아르빈드 크리슈나(Arvind Krishna)는 윤리 원칙을 대표한다. 그는 "신뢰할 수 있는 AI(Trustworthy AI)"를 원칙으로 삼으며, 인권을 침해하거나 편향을 강화할 수 있는 AI 기능은 기술적으로 가능하더라도 개발하지 않겠다고 선언했다. 실제로 IBM은 대규모 감시용 얼굴 인식 기술에 대해 인종 차별적 프로파일링과 인권 침해 우려를 들어 공식적으로 반대 입장을 표명했으며, 2025년에도 윤리적 AI 원칙을 재확인했다(Churchill, 2025).

참고문헌

송영찬(2025.5.18). [단독 인터뷰] 에어비앤비 CEO "모두가 AI 바라볼 때…우린 AI가 대체 못하는 서비스에 집중". 《한국경제》, https://www.hankyung.com/article/2025051802651

Churchill, K.(2025.7.27). Foundations of trustworthy AI:

governed data and AI, AI ethics and an open diverse ecosystem. *IBM,* https://www.ibm.com/blog/trustworthy-ai-foundations/

Cook, T.(2024). Apple Intelligence and the future of computing. WWDC 2024 Keynote Address. *Apple Developper,* https://developer.apple.com/videos/play/wwdc2024/101/

Hastings, R. & Meyer, E.(2020). *No rules rules: Netflix and the culture of reinvention.* Penguin Press.

Huang, J.(2023.3.21). GTC 2023 Keynote with NVIDIA CEO Jensen Huang, *Youtube,* https://www.youtube.com/watch?v=DiGB5uAYKAg

Jassy, A.(2024.5.22). "Customer obsession" Leadership principle explained by Amazon CEO Andy Jassy. *Youtube,* https://www.youtube.com/watch?v=ADUfddD6Ivs

Kitchen, T. (2023.10.15). Adobe Max 2023 – Tim's highlights. *Dr Tim Kitchen's Journal,* https://timkitchen.net/2023/10/15/max23/

Pichai, S.(2019.5.7). At I/O.'19: Building a more helpful Google for everyone. *Google. The Keyword,* https://blog.google/technology/developers/io19-helpful-google-everyone/

Yuan, E. S.(2020.6.25). "중요한 개인정보 보호 및 보안 이니셔티브를 강화하기 위한 Zoom의 90일 계획에 대한 업데이트". *Zoom Blog,* https://www.zoom.com/ko/blog/update-on-zoom-90-day-plan-to-bolster-key-privacy-and-security-initiatives/

03
자기 탐색의 구조화

"나를 안다"라고 말하는 리더 중 정작 객관적 근거를 제시할 수 있는 사람은 몇 명이나 될까? 대부분은 "나는 외향적이야", "나는 꼼꼼해"라고 말하지만, 그 판단 기준은 모호하다. AI 시대일수록 객관적 자기 이해가 필요하다. AI가 데이터 기반으로 정확한 분석을 하는 것처럼, 리더도 과학적 도구를 통해 자신을 이해해야 한다. 심리 검사 도구들을 활용해 자신의 기질과 행동 패턴을 파악하고, AI로 리더십 브랜딩 자원으로 전환하는 방법을 알아본다.

인공지능과 편향?

객관적 자기 탐색의 필요성

대부분의 리더는 자신에 대해 안다고 생각한다. 하지만 실제로는 자기 과대평가나 과소평가의 함정에 빠지는 경우가 많다. 조직심리학자 타샤 유릭(Tasha Eurich)의 연구에 따르면, 자신을 정확히 아는 사람은 전체의 10~15%에 불과하다(Eurich, 2017).

한 대기업 임원은 자신을 '소통을 잘하는 리더'라고 인식했다. 하지만 360도 피드백 결과 부하 직원들은 그를 '일방적 지시를 내리는 리더'로 평가했다. 이러한 인식 차이는 조직 내 갈등과 성과 저하로 이어졌다. 반면 객관적 검사를 통해 자신의 커뮤니케이션 스타일을 파악한 후에는 의도적으로 경청 시간을 늘리고 피드백을 구하는 방식으로 변화했다.

리더십 브랜딩은 진정성에서 시작된다. 자신의 실제 모습과 동떨어진 브랜딩은 장기적으로 지속되기 어렵다. 내적 정체성과 외적 이미지 사이의 괴리가 클수록 브랜드의 신뢰도는 떨어질 수밖에 없기 때문이다. 과학적 심리 검사 도구들은 수십 년간의 연구와 검증을 거쳐 개발되어 개인의 기질, 성격, 행동 패턴을 통계적으로 분석해 가치 있는 데이터를 제공한다. 이러한 데이터는 자기 인식의 맹점을 보완하고, 일관되고 설득력 있는 브랜드 정체성을 구축하는 토대가 된다.

핵심 심리 검사 도구들

리더십 브랜딩을 위한 심리 검사 도구는 매우 다양하다. 이 중에서 접근성과 실용성을 고려해 리더십 브랜딩에 핵심이 되는 다섯 가지 검사 도구를 중심으로 살펴보자.

기질과 성격 영역: TCI

TCI(Temperament and Character Inventory, 기질 및 성격 검사)는 인간의 기질과 성격을 과학적으로 측정하는 도구다. 기질 4요소(자극 추구, 위험 회피, 사회적 민감성, 지속성)와 성격 3요소(자율성, 연대감, 자기 초월성)로 구성된다(Cloninger et al., 1994).

한 유통업체 지역 본부장은 TCI 결과 높은 자극 추구와 지속성을 보여 "도전적이면서 완수하는 리더"로 분석되었고, 이를 바탕으로 신규 사업 개발에서 성과를 거두었다.

성격 유형 영역: MBTI

MBTI는 4가지 선호 지표(에너지 방향, 정보 수집, 판단 기준, 생활 양식)를 통해 16가지 성격 유형으로 분류한다. 리더십 스타일과 커뮤니케이션 방식을 이해하는 데 특히 유용하다(Myers & McCaulley, 1985).

ENFJ 유형의 팀장은 사람 중심 리더십으로 높은 만족도를 달성했고, ISTJ 유형의 팀장은 체계적 리더십으로 정확성을 추구했다.

행동 유형 영역: 디스크

디스크(DISC)는 직장에서의 행동 스타일을 네 가지로 분류한다. 주도형(D), 사교형(I), 안정형(S), 신중형(C)으로 구분되며, 실무진들이 가장 이해하기 쉽고 즉시 적용 가능한 도구다(Marston, 1928).

D형 공장장은 빠른 의사결정으로 생산 차질을 최소화했지만, S형 팀원과의 소통 방식을 조정해 갈등을 줄이고 생산성을 향상했다.

두뇌 유형 영역: 브레인코드

브레인코드(BrainCode)는 한국형 두뇌 유형 검사로, 뇌신경학과 현대 뇌과학, 칼 융의 분석심리학을 결합해 개발된 과학적 진단 도구다. 목표형(전뇌형), 창의형(후뇌형), 원칙형(좌뇌형), 협력형(우뇌형)의 네 가지 기본 두뇌 유형으로 분류한다(노충구 외, 2018).

창의형 디렉터는 혁신적 아이디어 도출에 탁월했고, 목표형 팀장은 데이터 기반 분석으로 프로젝트 성공률을 높였다.

업무 관계 영역: 코어 스트렝스

코어 스트렝스(Core Strengths, SDI 2.0)는 관계 인식 이론에 기반해 업무 관계에서의 동기, 강점, 갈등 유형을 종합적으로 분석한다. 동기 가치 체계(MVS)는 사람(Blue), 성과(Red), 과정(Green)의 세 가지 핵심 동기로 구성되며, 갈등 순서와 강점 포트레이트를 통해 관계의 역동적 특성을 파악한다(Scudder, 2021).

한 소프트웨어 회사 팀장은 사람 중심(Blue-Green) 조합으로 팀워크와 체계성을 추구했고, 핵심 강점이 '전략적 사고', '동기 부여', '팀 조화'로 나타났다. 이 결과를 바탕으로 그는 "팀 중심의 체계적 리더"라는 브랜딩 포인트를 설정했다.

검사 결과의 리더십 브랜딩 연결법

검사 도구 접근과 선택 가이드

대부분의 도구는 공식 웹사이트나 인증된 플랫폼에서

온라인으로 접할 수 있다. TCI와 같이 깊이 있는 분석이 필요한 경우에는 전문 상담사와 함께 진행하는 것이 신뢰도가 높다.

목적에 맞는 도구 선택이 중요하다. 빠른 자기 이해나 진로 탐색이 목표라면 MBTI나 강점 검사가 적합하고, 깊이 있는 성격 통찰이 목적이라면 TCI를 권한다. 조직 내 대인 관계나 팀 빌딩이 목표라면 DISC가 실용적이다.

전문가 해석의 중요성

검사 결과는 '옳고 그름'이나 '고정된 성격'을 나타내는 것이 아니다. 결과는 자기 이해의 출발점이며, 성장 가능성의 관점에서 해석해야 한다. 심층적 분석이 필요한 경우는 코치나 상담가의 해석을 받는 것이 좋고, 단순 유형별 테스트(MBTI 등)는 본인이 해당 분야 참고 서적을 보면서도 충분히 이해할 수 있다.

전문가 해석의 장점은 결과의 맥락적 이해와 개인 상황 고려, 검사 간 상호작용과 통합적 해석, 성장 방향과 구체적 액션 플랜 제시, 오해나 편견 방지 등이 있다.

AI를 활용한 심층 해석

최근에는 각 도구의 결과 보고서가 잘 나와 있어, 이를 심층 해석하는 데 AI의 도움을 받을 수 있다. AI는 전문가 해석을 대체하는 것이 아니라 보완하는 역할을 한다.

예를 들어 "내 MBTI(ENTJ)와 DISC(D형) 결과를 종합해서 최적의 리더십 스타일과 주의점을 분석해 줘"라고 프롬프트를 입력하면, AI가 두 검사의 공통점과 차이점을 분석하고 통합적인 해석을 제공한다.

다면적 결과의 통합 해석

여러 검사 결과를 종합해야 입체적 자기 이해가 가능하다. 단일 검사만으로는 인간의 복잡성을 완전히 파악할 수 없다. 마치 다양한 각도에서 찍은 사진을 조합해서 3D 이미지를 만드는 것과 같다.

효과적인 통합 해석을 위해서는 여러 검사 도구를 조합해서 활용해야 한다. 각 도구가 측정하는 영역과 접근 방식이 다르기 때문이다. 한 도구의 한계를 다른 도구가 보완하면서 더 정확한 자기 이해가 가능해진다.

예를 들어, 한 IT 기업 부서장의 경우 TCI(높은 자극 추구+지속성), MBTI(INTJ), DISC(D+C형), 강점 검사(전략적 사고) 결과를 통합해 "전략적 사고로 새로운 도전을 신중하게 실행하는 리더"라는 브랜드 정체성을 도출했다.

검사 결과를 브랜드 언어로 전환

심리학적 용어를 브랜딩 언어로 번역하는 작업이 필요하다. "높은 자극 추구"는 "혁신을 이끄는 리더"로, "높은 지속성"은 "끝까지 해내는 리더"로, "ENFJ 유형"은 "사람을 키우는 리더"로 표현할 수 있다.

이러한 번역 과정에서 중요한 것은 정확성과 매력성의 균형이다. 자신의 특성을 정확히 반영하면서도 매력적으로 표현하는 것이 핵심이다.

AI를 활용한 검사 결과 심화 및 보완

여러 검사 결과를 종합 해석하는 것은 전문가도 어려운 일이다. AI를 활용하면 복잡한 데이터를 통합적으로 분석할 수 있다. 구체적인 활용법을 단계별로 살펴보자.

1단계 기본 검사 실시에서는 목적에 맞는 2~3개 검사 도구를 선정해 공신력 있는 플랫폼에서 검사를 하고, 전문가 해석 또는 상세 결과 보고서를 확보한다.

2단계 AI 통합 해석에서는 각 검사 결과를 AI에 입력해 "내 검사 결과들의 공통점과 차이점을 분석해 줘", "이 결과들이 리더십에 미치는 영향을 설명해 줘" 같은 질문을 통해 통합적 해석을 받는다.

3단계 브랜드 언어로 전환에서는 "내 검사 결과를 바

탕으로 리더십 브랜드 키워드 5개를 제안해 줘", "이 특성들을 매력적인 브랜드 문장으로 만들어 줘" 같은 프롬프트로 브랜딩 언어로 전환한다.

4단계 지속적 점검 체계 구축에서는 월간/분기별 자기 점검 질문을 생성하고, 상황별 리더십 적용 방안을 문의하며, 성장 과정에서의 변화를 추적한다.

이러한 AI 활용은 전문 검사를 대체하는 것이 아니라 보완하는 역할이다. 객관적이고 과학적인 검사 결과를 기반으로 하되, AI를 통해 더 깊이 있고 지속적인 자기 이해를 추구하는 것이 바람직하다.

참고문헌

노충구 외(2018). 《브레인코드 두뇌유형검사 매뉴얼》. 앤앤케이글로벌.

Cloninger, C. R. et al.(1994). *Temperament and character inventory(TCI): A guide to its development and use.* St. Louis: Center for Psychobiology of Personality, Washington University.

Eurich, T.(2017). *Insight: The surprising truth about how others see us, How we see ourselves, and why the answers matter more than we think.* Currency. 김미정 옮김(2018). 《자기통찰》. 저스트북스.

Marston, W. M.(1928). *Emotions of normal people.* Harcourt, Brace and Company.

Myers, I. B. & McCaulley, M. H.(1985). *Manual, a guide to the development and use of the Myers–Briggs type indicator.* 김정택 외 옮김(2009). 《MBTI 개발과 활용》. 어세스타.

Scudder, T.(2021). *Working with SDI 2.0: The complete guide to understanding motives, managing conflict, and coaching strengths at work.* Core Strengths.

04
스토리 기반 자원 발굴

“당신을 한 문장으로 소개해 보세요.” 대부분은 직책과 경력을 나열한다. “15년 차 마케팅 팀장입니다” 같은 식으로. 하지만 이런 소개로는 기억에 남지 않는다. AI가 데이터를 분석하는 시대, 리더에게는 기계가 모방할 수 없는 고유한 스토리가 중요해졌다. AI를 활용해 개인의 내러티브를 체계적으로 분석하고 리더십 브랜딩 자원으로 전환하는 방법을 알아본다. 당신만의 스토리가 가장 강력한 브랜딩 무기가 될 것이다.

청각장애인과 AI?

스토리 기반 자원 발굴의 필요성

AI 시대 스토리의 가치

AI가 데이터 분석과 논리적 처리에서 인간을 능가하는 시대, 리더십에서 가장 중요한 차별화 요소는 인간만의 고유한 스토리다. 개인의 삶에서 우러나온 진정성 있는 이야기는 AI가 만들어 낼 수 없다.

특히 AI는 데이터 기반의 최적 솔루션을 제안할 수 있지만, 그 과정에서의 인간처럼 감정적 동요나 가치관의 혼란을 겪지는 않는다. 따라서 리더 개인의 경험과 교훈이 녹아든 스토리는 AI가 모방할 수 없는 인간 리더십의 강점이 된다.

스토리는 단순한 정보 전달을 넘어 감정적 연결과 공감을 만든다. 하워드 슐츠(Howard Schultz) 스타벅스 창업자는 1953년 뉴욕 브루클린 빈민가에서 자란 경험과 아버지가 지장 사고를 당했을 때 의료 보험이 없어 겪었던 어려움을 바탕으로 "직원을 가족처럼 대하는" 기업 문화를 만들었다(이형래, 2022). 그의 개인 스토리가 글로벌 기업의 핵심 철학이 된 것이다. 이처럼 개인의 경험에서 나온 스토리는 조직 전체에 영향을 미치는 강력한 리더십 자원이 된다(Denning, 2011).

진정성 있는 스토리에서 나오는 깊이 있는 통찰과 감정적 공감은 AI가 제공하기 어려운 인간만의 고유한 영역으로 남을 것이다.

스토리 기반 리더십 브랜딩의 위력

논리적 설득보다 강력한 것이 감정적 공감이다. 사람들은 데이터보다 스토리를 더 오래 기억하고, 더 깊이 공감한다. 리더가 자신의 실패와 극복 경험을 솔직하게 들려줄 때, 구성원들은 그 리더를 더 신뢰하게 된다.

국내 한 중견기업 최고경영자(CEO)는 창업 초기 3번의 실패 경험을 직원들에게 공개했다. "실패를 두려워하지 말고 도전하라"는 메시지를 전달하기 위해서였다. 이 스토리는 회사 전체에 혁신적 도전 문화를 만들었고, 직원들의 적극적 참여로 이어졌다. 개인의 스토리가 조직 문화로 확산된 대표적 사례다.

스토리 기반 리더십 브랜딩의 핵심은 일관성이다. 말과 행동이 일치할 때 사람들은 그 리더를 신뢰한다. 자신의 가치관과 경험에 기반한 스토리는 이러한 일관성을 자연스럽게 만들어 낸다.

핵심 자원 탐색 세 가지 질문: 스토리 발굴 도구

핵심 자원 탐색 세 가지 질문의 이해

개인의 삶에서 리더십 자원을 체계적으로 발굴하기 위해 세 가지 핵심 질문을 활용한다. 각 질문은 서로 다른 각도에서 개인의 핵심 자원을 드러내는 역할을 한다.

성취 질문은 "살면서 가장 큰 성취감을 느낀 순간은 언제인가?"다. 이 질문은 개인의 능력과 강점이 최대로 발휘된 순간을 찾아낸다. 성취의 순간에는 그 사람만의 고유한 방식과 역량이 집약되어 있다.

열정 질문은 "살면서 가장 열정적으로 몰입했던 일은 무엇인가?"다. 이 질문은 내재적 동기와 핵심 가치관을 발굴한다. 진정한 열정은 외부 보상이 아닌 내적 만족에서 나오기 때문이다.

지속성 질문은 "살면서 오랫동안 꾸준히 해 온 일은 무엇인가?"다. 이 질문은 일관성과 신뢰성을 보여 주는 자원을 찾아낸다. 오래 지속할 수 있다는 것은 그만큼 자연스럽고 진정성 있는 특성이라는 의미다.

질문별 발굴되는 자원의 특성

각 질문은 서로 다른 유형의 리더십 자원을 발굴한다.

성취 질문을 통해서는 문제 해결 능력, 전문성, 추진력 등의 능력 자원을 발견할 수 있다. 한 제조업 팀장은 "생산 라인 혁신으로 불량률을 20% 줄인 경험"을 통해 자신의 체계적 분석 능력과 실행력을 확인했다.

열정 질문에서는 핵심 가치관과 내재적 동기인 가치 자원이 드러난다. 한 교육 기관 관리자는 "학습 부진 학생들을 개별 지도했던 경험"에서 자신의 핵심 가치가 '성장 지원'임을 발견했다. 이는 후에 "팀원을 성장시키는 리더"라는 브랜드로 발전했다.

지속성 질문을 통해서는 일관성 자원을 찾을 수 있다. 한 IT 기업 부서장은 "10년간 꾸준히 해 온 독서와 지식 공유"를 통해 자신이 학습과 공유를 중시하는 리더임을 확인했고, 이를 바탕으로 조직 내 학습 문화를 만들어 갔다.

효과적인 질문 활용법

핵심 자원 탐색의 세 가지 질문을 효과적으로 활용하려면 단순한 사건 나열이 아닌 구체적인 상황과 감정까지 회상해야 한다. "언제, 어디서, 누구와, 어떤 상황에서, 무엇을, 어떻게, 왜" 했는지를 구체적으로 떠올려야 진정한 자원을 발굴할 수 있다.

또한 자신의 관점뿐만 아니라 타인의 관점에서도 바라보는 것이 중요하다. "그때 주변 사람들은 나를 어떻게 평가했는가?", "동료들이 가장 인상 깊게 들었던 부분은 무엇인가?" 같은 질문을 추가하면 객관적 검증이 가능하다.

한 금융 회사 팀장은 처음에 "프로젝트를 성공시킨 것"이라고 단순하게 답했지만, 구체적 탐색을 통해 "팀원 간의 갈등을 중재하고, 각자의 강점을 활용해 시너지를 만든 것"이 진정한 성취였음을 발견했다. 이를 통해 자신이 "조화를 이루는 리더"임을 확인할 수 있었다.

스토리의 리더십 브랜딩 전환법

스토리 패턴 분석과 핵심 자원 추출

핵심 자원 탐색 세 가지 질문의 답에서 공통으로 나타나는 패턴을 찾는 것이 핵심이다. 서로 다른 시기, 다른 상황에서도 반복적으로 나타나는 가치관, 행동 양식, 사고 방식이 그 사람의 진정한 리더십 자원이다.

한 유통업체 지역 관리자는 세 가지 질문에서 모두 "사람들과의 관계"가 핵심으로 나타났다. 성취 경험은 "어려운 고객을 설득해 대형 계약을 성사시킨 것", 열정 경험은 "신입 직원들을 멘토링하며 성장시킨 것", 지속성 경험은 "20년간 이어 온 동호회 활동"이었다. 공통 패턴은 '관계 구축과 소통'이었고, 이를 통해 "사람을 연결하는 리더"라는 브랜드를 정립했다.

패턴 분석에서 중요한 것은 표면적 공통점이 아닌 근본적 동기와 가치관을 찾는 것이다. 겉으로는 다른 활동이라도 그 안에 담긴 핵심 가치는 동일할 수 있다. 분석의 깊이가 브랜딩의 진정성을 결정한다.

스토리를 브랜드 언어로 번역하기

개인적 경험을 보편적 리더십 메시지로 전환하는 작업이 필요하다. 지극히 개인적인 스토리라도 그 안에 담긴 본질적 가치는 다른 사람들에게도 의미 있게 전달될 수 있다.

"어려운 가정 환경에서 자란 경험"은 "역경을 기회로 바꾸는 리더"로, "다양한 사람들과 함께 일한 경험"은 "차이를 시너지로 만드는 리더"로, "실패를 통해 배운 경험"은 "실패를 성장으로 전환하는 리더"로 번역할 수 있다.

이때 중요한 것은 감정적 임팩트와 논리적 구조의 균형이다. 스토리의 감동만으로는 설득력이 부족하고, 논리만으로는 공감을 얻기 어렵다. 개인적 경험의 감동과 보편적 적용 가능성을 모두 담아야 강력한 브랜드 메시지가 된다.

한 제약 회사 연구 팀장은 "어머니의 투병 경험"을 "환자 중심의 연구 철학"으로 승화시켰다. 개인적 아픔을 조직의 사명으로 연결한 것이다. 이 스토리는 팀원들에게 깊은 공감을 얻었고, 연구 팀의 동기 부여에 크게 기여했다.

AI를 활용한 스토리 분석 및 심화 활용

AI 기반 스토리 패턴 분석

복잡하고 주관적인 스토리 데이터를 객관적으로 분석하는 데 AI가 유용하다. 인간은 자신의 경험을 해석할 때 편향이 생기기 쉽지만, AI는 중립적 관점에서 패턴을 찾아낸다.

효과적인 AI 프롬프트 예시는 다음과 같다. "내가 들려준 세 가지 핵심 스토리(성취, 열정, 지속성)를 분석해서 반복적으로 나타나는 가치관, 행동 패턴, 리더십 특성을 찾아 줘. 그리고 이를 바탕으로 나만의 리더십 브랜드 키워드 세 가지를 제안해 줘."

AI는 감정적 개입 없이 데이터를 분석하므로, 본인도 인식하지 못했던 패턴을 발견해 주기도 한다. 한 건설 회사 현장 관리자는 AI 분석을 통해 자신의 세 가지 스토리 모두에서 "완성도 추구"라는 공통점을 발견했다. 스스로는 전혀 인식하지 못했던 특성이었다.

지속적 스토리 업데이트와 브랜드 발전

리더십 브랜딩은 한번 정하면 끝나는 것이 아니다. 새로운 경험과 성장에 따라 지속적으로 발전시켜야 한다. AI를 활용하면 새로운 경험을 기존 브랜드와 연결하는 작업을 효율적으로 할 수 있다.

정기적 점검을 위한 AI 프롬프트 예시는 다음과 같다. "최근 6개월간 내가 경험한 중요한 사건들이 기존 리더십 브랜드('사람을 성장시키는 리더')와 어떻게 연결되는지 분석해 줘. 일관성을 유지하면서도 더 발전시킬 방향을 제안해 줘."

브랜드의 일관성 점검에도 AI를 활용할 수 있다. "내 최근 행동과 의사 결정이 기존 브랜드 정체성과 일치하는지 분석하고, 일치하지 않는 부분이 있다면 그 이유와 개선 방향을 제안해 줘" 같은 프롬프트로 지속적인 자기 점검이 가능하다.

AI는 전문 검사나 코칭을 대체하는 것이 아니라 보완하는 역할이다. 스토리의 주인은 여전히 인간이고, AI는 그 스토리를 더 객관적이고 체계적으로 분석하도록 돕는 도구일 뿐이다. 하지만 이러한 도구의 활용을 통해 더 깊이 있고 지속적인 자기 이해와 브랜드 발전이 가능해진다.

참고문헌

이형래(2022.4.22). “[이형래 기자의 세계 대부호 12] 하워드 슐츠 스타벅스 의장”. *CEO Magazine,* https://www.ceomagazine.co.kr/news/articleView.html?idxno=30805

Denning, S.(2011). *The leader's guide to storytelling: Mastering the art and discipline of business narrative* . Jossey-Bass.

05
가치와 철학의 언어화

"당신이 가장 중요하게 생각하는 가치는 무엇인가?" 이 질문에 즉답할 수 있는 사람은 많지 않다. 가치, 신념, 철학이라는 단어조차 나와 상관없다고 느끼는 경우가 대부분이다. AI가 모든 선택을 도와주는 시대일수록 리더는 '무엇을', '왜' 선택할지에 대한 명확한 기준이 필요하다. 잊힌 가치를 찾아내고, 이를 리더십의 나침반으로 만드는 방법을 알아본다.

AI 콘텐츠 크리에이터?

가치·신념·철학 찾기의 필요성

가치 무감각 시대의 현실

현대인들은 바쁜 일상에서 정체성의 핵심을 잊고 산다. "가치가 뭐죠?", "신념이요?", "철학이라니 너무 어려워요"라는 반응이 일반적이다. 이런 개념들을 자신과 상관없는 거창한 것으로 여기는 경우가 많다.

한 IT 기업의 중간 관리자 김 팀장은 승진 후 지속적인 스트레스에 시달렸다. 매일 쏟아지는 업무와 의사 결정 앞에서 '내가 왜 이 일을 하고 있지?'라는 의문이 들었다. 명확한 기준 없이 상황에 따라 다른 선택을 하다 보니 팀원들도 혼란스러워 했고, 본인도 번아웃을 경험했다. 문제는 자신이 무엇을 중요하게 여기는지, 무엇을 믿는지 명확하지 않았다는 점이었다.

이처럼 많은 사람들이 자신의 가치와 신념을 의식하지 못한 채 살아간다. 그 결과 일관성 없는 선택과 지속적인 내적 갈등을 경험하게 된다.

AI 시대, 인간만의 가치 판단과 정체성 확립의 중요성

AI가 빅데이터를 분석해서 최적의 해답을 제시하는 시대, 기술은 '어떻게'를 완벽하게 해결해 준다. 하지만 '무엇을', '왜' 해야 할지는 여전히 인간의 몫이다. 데이터 기반 효율성과 가치 기반 의미는 전혀 다른 차원의 문제다.

예를 들어 AI 기술을 도입하는 과정에서 A기업과 B기업이 서로 다른 의사 결정을 내린 사례를 들 수 있다. A기업은 비용 효율성 분석에 주안점을 두고 AI를 활용해 대규모 인력 감축을 단행했다. 반면 B기업은 구성원 존중의 가치를 우선하여, AI를 업무 효율화의 도구로 활용하되 고용은 최대한 유지하는 방향을 택했다. 그 결과 단기적으로는 A기업의 수익성이 높았지만, 장기적으로는 구성원의 신뢰와 몰입도를 바탕으로 한 B기업의 지속가능성이 더 높게 평가받았다.

가치, 신념, 철학은 단순한 개념이 아니라 우리 존재의 핵심이다. 정체성 확립에서 가장 중요한 역할을 하며, 내가 소중히 여기는 것(가치), 무엇을 믿는지(신념), 어떤 원리를 추구하는지(철학)는 자신을 이해하고 혼란스러울 때 방향을 잡을 기준이 된다.

특히 의사 결정의 나침반 역할이 중요하다. 인생의 중요한 선택, 갈등 해결, 목표 설정 과정에서 일관된 기준과 원칙을 제공한다. 또한 관계와 소통의 토대가 되고, 동기와 지속성의 원천이기도 하다. AI 시대일수록 명확한 가치관 없이는 기술에 종속되는 리더십의 위험성이

크다. 인간만이 할 수 있는 가치 판단의 영역을 지켜 나가는 것이 리더의 핵심 역할이다.

가치·신념·철학 발굴의 체계적 도구들

가치·신념·철학의 명확한 구분과 이해

많은 사람들이 가치, 신념, 철학을 혼동한다. 각각의 정의를 명확히 하는 것이 체계적 탐색의 첫걸음이다.

가치(Value)는 내가 중요하게 여기고 우선시하는 기준이다. 정직, 자유, 배려, 성장, 안정, 창의성 등이 대표적이다. 가치는 선택의 기준이 되며, 무엇이 좋고 나쁜지를 판단하는 척도다.

신념(Belief)은 내가 진실이라고 믿는 생각이나 확신이다. "노력하면 변할 수 있다", "세상은 본질적으로 선하다", "인간은 성장할 수 있는 존재다" 등이 신념의 예다. 신념은 세상을 바라보는 관점을 형성한다.

철학(Philosophy)은 세상과 삶에 대해 일관되게 추구하는 원리와 태도다. "존재 이유를 탐구하는 삶", "인간 존중을 실천하는 리더십", "배움을 통한 지속적 성장" 등이 철학의 영역이다.

이 세 가지는 서로 연결되어 있다. 가치가 기준이라

면, 신념은 관점이고, 철학은 실천 원리다.

가치 카드를 활용한 단계별 탐색

가치 발굴을 위한 가장 체계적인 도구는 가치 카드다. 50개의 가치 단어가 적힌 카드를 활용해 단계별로 자신의 핵심 가치를 찾아내는 방법이다.

먼저 50개의 대표적인 가치가 적힌 카드를 펼쳐 놓는다. 이 카드들에는 정직, 창의성, 도전, 배려, 자율, 안정 등 다양한 가치가 있다. 이 중에서 자신에게 가장 중요하다고 생각되는 6개의 가치를 선택한다.

선택한 6개의 가치 카드를 앞에 두고, 이번에는 그중에서도 가장 중요한 순서대로 나열해 본다. 이 과정에서 가치들 간의 우선순위를 정하는 것이 쉽지 않을 수 있다. 하지만 바로 이 지점이 자신의 가치관에 대해 깊이 성찰하게 되는 중요한 시간이다. 가치들 간의 충돌을 경험하고, 그 속에서 자신의 진정한 우선순위를 발견하는 과정이라고 할 수 있다.

이렇게 선택된 6개의 핵심 가치는 한 번으로 확정되는 것이 아니라, 지속적인 검토와 수정의 과정을 거치게 된다. 일상과 업무에서 맞닥뜨리는 다양한 선택의 순간마다 이 가치들이 얼마나 일관되게 적용되고 있는지 점검해 보는 것이 중요하다.

이때 AI를 활용한 정기적 리뷰가 도움이 될 수 있습니다. 예를 들어 "지난 6개월간 내가 경험한 중요한 의사 결정들이 나의 핵심 가치와 얼마나 부합했는지 분석해 줘" 같은 프롬프트를 활용하면, 자신의 행동과 가치관 사이의 간극을 좁히는 데 도움이 될 수 있다.

앞서 소개한 김 팀장은 가치 카드 선택 과정에서 '창의성'과 '안정성' 사이에서 심한 갈등을 경험했다. 이 갈등을 통해 자신이 혁신을 추구하면서도 동시에 안정성을 중시하는 성향을 보이고 있음을 발견했다. 결국 '균형 잡힌 혁신'이라는 자신만의 리더십 스타일을 찾아낼 수 있었다.

과거 경험을 통한 검증과 심화

가치 카드 결과를 과거 경험으로 검증하는 과정이 필요하다. 자부심을 느꼈던 순간과 큰 실망이나 분노를 느꼈던 상황을 분석해 보면 그 배경에 가치와 신념이 숨어 있다.

"만약 지금이 인생의 마지막이라면 반드시 지키고 싶은 것이 무엇일까?"라는 질문도 유용하다. 극한 상황을 가정하면 진정으로 중요한 가치가 드러난다. 롤 보넬 분석도 도움이 된다. 존경하는 인물의 삶에서 자신의 가치관을 비춰 볼 수 있다.

또한 앞서 탐색한 성향 분석 결과와의 연결성을 확인하는 것이 중요하다. 심리 검사에서 나타난 특성과 개인 스토리에서 발견한 패턴이 선택한 가치들과 일치하는지 점검해 본다.

가치에서 신념과 철학으로의 발전 과정

가치→신념→철학의 연결 고리 만들기

김 팀장은 가치 탐색을 통해 '성장', '협력', '균형'을 핵심 가치로 발견했다. 이를 바탕으로 "사람과 조직은 지속적으로 발전할 수 있다"라는 신념을 갖게 됐고, "팀원들과 함께 성장하며 혁신과 안정의 균형을 추구하는 리더십"이라는 철학을 정립했다.

가치를 신념으로 발전시키려면 "나는 ○○를 믿는다"라는 문장을 완성해 보자. 신념에서 철학으로 발전시키려면 "그래서 나는 ○○하게 살겠다"라는 행동 원칙을 세워 보자.

명확해진 가치 · 신념 · 철학을 실제 리더십에 적용하는 것이 핵심이다. 김 팀장은 이 철학을 바탕으로 목표 설정에서 도전적이면서도 달성 가능한 목표를 세우고, 갈등 상황에서는 '팀 전체의 성장'이라는 기준으로 일관된 의사 결정을 내렸다. 그 결과 팀원들의 신뢰를 얻었고, 리더십 브랜딩도 확립할 수 있었다.

AI와 함께하는 가치 체계 구축 및 지속 발전

AI를 활용한 가치 체계 검증과 통합

복잡한 가치 체계를 객관적으로 검증하고 통합하는 데 AI가 유용하다. 여러 탐색 결과를 종합적으로 분석해서 일관성을 점검하고 실용적인 철학 문장을 만드는 데 도움을 받을 수 있다.

효과적인 AI 프롬프트 예시는 다음과 같다. "내가 선택한 6개 핵심 가치(정직, 성장, 배려, 도전, 소통, 창의성)와 심리 검사 결과(ENTJ, 높은 지속성) 및 스토리 패턴(사람들과 함께 성과를 만드는 경험)을 종합해서 나만의 리더십 철학 문장을 3개 만들어 줘."

가치 기반 리더십의 지속적 발전

가치와 철학은 한번 정하면 끝나는 것이 아니다. 새로운 경험과 성장에 따라 지속적으로 발전시켜야 한다. AI를 활용하면 정기적인 점검과 발전 방향을 모색할 수 있다.

딜레마 상황에서의 의사 결정 훈련도 가능하다. "내 핵심 가치인 '정직'과 '배려'가 충돌하는 상황에서 어떤 선택을 해야 할지 분석해 줘. 팀원의 실수를 고객에게 솔직히 말해야 하는데, 그 팀원이 받을 타격이 클 것 같다" 같은 현실적 딜레마에 대한 AI의 분석을 통해 가치 적용 능력을 기를 수 있다.

정기적인 가치 정렬 점검도 중요하다. "최근 3개월간 내가 내린 주요 의사 결정 다섯 가지가 내 핵심 가치와 일치하는지 분석하고, 리더십 브랜딩 관점에서 개선점을 제안해 줘" 같은 프롬프트로 일관성을 유지할 수 있다.

이러한 AI 활용은 가치와 철학을 살아 있는 리더십 도구로 만든다. 추상적 개념이 아닌 매일 활용하는 실용적 기준으로 발전시킬 수 있다. 이렇게 정립된 가치와 철학은 다음 단계인 정체성 기반 영향력 정렬의 든든한 토대가 될 것이다.

참고문헌

Merriam-Webster Dictionary. 항목 'Philosophy'
https://www.merriam-webster.com/dictionary/philosophy

Rokeach, M.(1973). *The Nature of Human Values.* Free Press.

Schwartz, S. H. & Bilsky, W.(1987). Toward a universal psychological structure of human values. *Journal of Personality and Social Psychology,* 53(3), pp.550–562, https://psycnet.apa.org/record/1988-01444-001

06
정체성 기반 영향력 정렬

자기 탐색을 통해 발견한 다양한 자아의 모습들. 심리 검사 결과, 개인 스토리, 핵심 가치들…. 이 모든 것들이 흩어져 있다면 진짜 리더십 영향력을 만들 수 없다. "나는 분석적이면서도 감정적이야." 이런 모순처럼 보이는 특성들을 어떻게 하나로 통합할 것인가? 이 장에서는 정체성을 중심으로 목적-가치-능력-행동-환경을 일치시켜 진정한 리더십 영향력을 만드는 방법을 알아본다.

AI와 민주주의?

AI 시대 정체성 기반 정렬의 필요성

분산된 자기 인식의 한계

현대의 리더들은 다양한 자기 탐색 도구를 통해 많은 정보를 얻지만, 그것들이 통합되지 못한 채 분산된 경우가 많다. 심리 검사 결과, 스토리 패턴, 가치관이 각각 다른 방향을 가리키거나 서로 연결되지 않는 현상이다.

한 대기업 팀장의 사례를 보자. A 팀장은 MBTI에서는 외향형(E)으로 나왔지만, 중요한 의사 결정 시에는 혼자 고민하는 내향적(I) 모습을 보였다. 가치관 검사에서는 '소통'을 최우선으로 꼽았지만, 정작 회의에서는 일방적으로 자신의 의사를 관철했다. 이로 인해 팀원들은 혼란을 겪었고, 한 팀원은 "평소에는 우리 의견을 듣는 것처럼 하면서, 정작 중요한 순간에는 독단적으로 결정하는 태도에 회의감을 지울 수 없다"라며 불만을 제기하기도 했다. A 팀장의 사례는 분산된 자기 인식이 리더십에 어떤 악영향을 미치는지를 잘 보여 준다. 통합되지 않은 자아상은 행동의 일관성을 해치고 신뢰 형성을 어렵게 만든다. 무엇보다 정체성의 혼란은 리더 스스로의 역량 발휘를 가로막는 걸림돌이 된다.

정체성 통합의 중요성

AI가 데이터 분석과 예측에서 인간을 능가하는 시대, 리더에게 가장 중요한 것은 명확하고 일관된 정체성이다.

의사 결정의 기준으로서 정체성은 모든 선택과 행동의 근간이자 일관된 방향성을 제공한다. 자기의 정체성이 뚜렷하면 환경 변화 속에서도 핵심 원칙을 잃지 않는다.

내적 동기와 지속성 측면에서도 정체성에 부합할 때 과업 몰입도와 동기, 회복 탄력성이 강화된다. AI가 효율성을 극대화하는 시대일수록, 인간만이 제공할 수 있는 의미와 동기의 영역이 더욱 중요해진다.

관계 및 영향력 차원에서 명확한 정체성은 타인의 신뢰와 존중, 리더십 설득력을 높인다. 일관된 모습은 리더의 진정성을 보여 주는 핵심 요소다. 구성원들은 상황에 따라 변하지 않는 리더의 핵심 가치를 신뢰하고 따르게 된다.

무엇보다 변화와 성장의 원동력으로 정체성은 표면적 행위 변화가 아닌 근본적 혁신의 중심축 역할을 한다. 환경이 급변하는 상황에서도 일관된 자아를 유지하면서 동시에 진화할 수 있는 기반이 된다.

로지컬 레벨의 체계적 접근 가치

로버트 딜츠(Robert Dilts)의 로지컬 레벨 모델은 신경 언어 프로그래밍(NLP, Neuro-Linguistic Programming) 이론에서 개발된 자기 조직 체계 모델이다. NLP는 탁월한 성과를 내는 사람들의 사고와 행동 패턴을 모델링해 일반화한 학문 분야로, 인간 잠재력 계발에 활용되어 왔다. 이 모델의 핵심 원리는 상위 수준의 변화가 하위 레벨에 폭넓은 변화를 유도한다는 것이다. 이는 시스템 사고(Systems Thinking)의 관점에서 상위 시스템이 하위 시스템을 통제한다는 원리와도 상통한다. 반면 하위 수준의 변화는 상위 수준에 미치는 영향이 제한적이다. 행동이나 기술만 바꾸려 해도 정체성과 가치가 변하지 않으면 근본적이고 지속적인 변화를 이끌어 내기 어렵다. 예컨대 소통 기술을 배워도 소통에 대한 근본적 가치관이나 자기 정의가 바뀌지 않으면 일시적 개선에 그칠 수밖에 없다.

하지만 내가 누구인지(정체성), 왜 존재하는지(목적)가 명확해지면 행동, 능력, 환경까지 자연스럽게 변화를 일으키고 영향력을 확대하게 된다. 이러한 로지컬 레벨의 위계적 구조(Hierarchical Structure)는 개인 변화와 조직 변화의 핵심 원리가 된다.

로지컬 레벨 기반 정체성 정렬 모델

로버트 딜츠 로지컬 레벨의 여섯 단계

딜츠는 인간의 경험과 변화를 여섯 개 층위로 구조화한 모델을 제시했다(Dilts, 1990). 각 레벨은 서로 영향을 주고받으며, 상위 레벨일수록 더 깊고 지속적인 변화를 만든다.

환경(Environment)은 내가 몸담고 있는 상황, 조건, 타인 등 외적 맥락이다. 행동(Behavior)은 내가 실제로 하는 구체적 행동들이다. 능력(Capability)은 내재된 기술, 전략, 자원이다. 가치 · 신념(Values & Beliefs)은 무엇을 옳고 중요하다고 생각하는가에 대한 것이다. 정체성(Identity)은 "나는 누구인가"에 대한 답이다. 목적(Purpose)은 더 큰 시스템에서의 의미와 존재 이유다.

상향식 정체성 탐색법

상향식 접근(Bottom-Up)은 현재의 구체적 상황에서 출발해 점진적으로 자기 인식을 심화하는 방법이다.

환경 탐색에서는 "당신은 어떤 환경에 있습니까?"를 묻는다. 행동 분석에서는 "그런 환경에서 어떤 행동을 합니까?"를 탐색한다. 능력 발견에서는 "그런 행동을 하는 당신은 어떤 능력이 있습니까?"를 찾는다. 가치 · 신념 탐색에서는 "그런 능력을 갖춘 당신은 어떤 신념, 가치를 가지고 있습니까?"를 확인한다. 정체성 통합에서는 "그런 당신은 누구입니까?"를 정의한다. 목적 발견에서는 "당신의 존재 목적은 무엇입니까?"를 탐구한다.

한 IT 기업 팀장의 탐색 사례를 보자. 환경은 "빠른 변화의 스타트업", 행동은 "수시 소통, 빠른 프로토타입 제작", 능력은 "신속한 판단력, 학습 능력", 가치는 "빠른 실행, 지속적 학습", 정체성은 "변화를 기회로 만드는 학습하는 리더", 목적은 "기술로 사용자 경험을 혁신한다"로 정리됐다.

하향식 정체성 구현법

하향식 접근(Top-Down)은 확립된 정체성에서 출발해 각 레벨에서 갖춰야 할 요소들을 역설계하는 방법이다. 비전과 정체성에서 출발해 그에 따라 필요한 요소들을 설계하므로 미래지향적이고 혁신적인 특징이 있다.

목적 기반 설계에서는 "그런 목적을 가진 당신이라면 어떤 정체성을 가져야 합니까?"라고 묻는다. 더 큰 목적을 실현하는 데 필요한 정체성을 역으로 설계한다.

정체성 기반 설계에서는 "그런 정체성을 가진 당신은

어떤 믿음, 가치를 가져야 합니까?"를 탐구한다. 정체성에 부합하는 핵심 가치와 신념 체계를 설계한다.

가치 기반 설계에서는 "그런 가치를 가진 당신은 어떤 능력을 보유해야 합니까?"를 확인한다. 가치를 실현하기 위해 개발해야 할 구체적 역량을 도출한다.

능력 기반 설계에서는 "그런 능력을 갖춘 당신은 어떤 행동을 해야 합니까?"를 계획한다. 역량을 바탕으로 실제로 해야 할 구체적 행동들을 설계한다.

행동 기반 설계에서는 "그런 행동을 하는 당신은 어떤 환경을 구축해야 합니까?"를 구상한다. 행동을 지원하고 강화할 수 있는 최적의 환경을 설계한다.

이 과정을 통해 이상적 정체성 실현을 위한 구체적 개발 포인트를 도출할 수 있다. 특히 AI 시대에는 기술 변화가 빠르므로, 하향식 접근을 통해 변화에 대응할 수 있는 역량과 환경을 미리 설계하는 것이 중요하다.

정렬 실행의 단계별 방법론

자기 탐색 결과와 로지컬 레벨 통합

심리 검사, 스토리 탐색, 가치 발굴을 통해 얻은 모든 결과를 로지컬 레벨 여섯 단계에 체계적으로 매핑한다. 심리 검사 결과는 주로 능력과 행동 레벨에, 스토리 패턴은 가치 · 신념과 정체성 레벨에, 가치 발굴 결과는 가치 · 신념 레벨의 기준이 된다.

이 모든 요소를 통합해 하나의 정체성 명제를 작성한다. "나는 ○○한 목적을 위해 ○○한 가치를 가지고 ○○한 방식으로 리더십을 발휘하는 ○○이다"라는 형태로 압축한다.

AI 활용 갭 분석과 정렬 우선순위

복잡한 자기 탐색 결과를 로지컬 레벨로 체계화하고 통합하는 작업에 AI가 유용하다. "내 심리 검사 결과, 스토리 패턴, 핵심 가치 6개를 로지컬 레벨 6단계로 정리하고 통합된 정체성 명제를 만들어 줘" 같은 프롬프트를 활용한다.

정기적인 정렬 상태 점검을 위해 "지난 한 달간 내 주요 의사 결정을 분석해서 정립한 정체성과 로지컬 레벨별 일치도를 평가해 줘" 같은 프롬프트로 지속적 모니터링이 가능하다.

단, AI 활용이 만능 해결책은 아니다. AI 분석에 과도하게 의존하다 보면 오히려 스스로 성찰하고 통합하는 내적 과정이 약화될 수 있다. 리더 자신이 능동적으로 결과를 해석하고 적용하는 주체가 되어야 한다. AI는 보조적 도구로 활용하되 그 한계를 인식하는 지혜가 필요하다.

이러한 점을 고려한다면 로지컬 레벨이라는 체계적 프레임워크와 AI의 분석력이 결합해, 자기 탐색에서 자기 계발로 이어지는 통합적 과정을 제공할 수 있을 것이다. 정체성의 정렬이 리더십 브랜딩의 출발점임을 잊지 말아야 한다.

참고문헌

Dilts, R.(1990). *Changing belief systems with NLP.* Meta Publications.

Dilts, R.(2003). *From coach to awakener.* Meta Publications.

07
미래 아웃컴 설계

"당신은 10년 후 어떤 존재로 기억되고 싶은가?" 이 질문 앞에서 많은 리더가 막막함을 느낀다. 정체성 토대 위에 구체적인 미래를 그려 낼 차례다. 하지만 대부분의 리더는 여전히 숫자와 목표로만 미래를 설명한다. 사람들이 진정으로 가슴 뛰는 것은 목표가 아니라 꿈이다. AI가 모든 분석을 해 주는 시대일수록, 리더만이 할 수 있는 고유한 역할이 있다. 사람들 마음속에 희망과 가능성의 그림을 그려 주는 것이다.

AI와 애니메이션?

미래 아웃컴 설계의 필요성

숫자 목표의 한계와 비전 스토리의 필요성

인간의 뇌는 추상적 숫자보다 구체적 이미지에 더 강하게 반응한다. "매출 30% 증가"라는 말을 들었을 때 뇌에서는 아무 그림이 떠오르지 않는다. 하지만 "고객들이 우리 제품 때문에 행복해하는 모습"을 상상하면 감정을 담당하는 뇌 영역이 활성화된다.

현업에서 흔히 보는 목표 제시 방식들이 효과를 거두지 못하는 이유가 여기에 있다. 팀 리더가 "이번 분기 KPI 달성해야 합니다"라고 말하면 팀원들은 "또 숫자구나"라고 반응한다.

반면 비전 스토리는 다르다. 애플의 스티브 잡스(Steve Jobs)가 "1,000곡을 주머니에(1,000 songs in your pocket)"라고 표현한 것은 단순한 제품 설명이 아니라 새로운 음악 경험에 대한 구체적 그림이었다.

핵심은 사람들이 목표가 아니라 꿈에 가슴 뛴다는 것이다. 그 꿈이 구체적일수록, 자신도 그 안에 있다고 느낄수록 더 강하게 동참한다(Kotter, 1995).

AI 시대, 인간만의 고유한 가치

AI가 많은 업무를 대신하는 시대에 사람들이 리더에게 기대하는 것은 기술이 줄 수 없는 가치들이다. 영감, 공감, 의미, 방향성 같은 인간적 가치를 제공하는 능력이 더욱 중요해졌다. 기술은 효율성을 제공하지만, 의미와 방향은 여전히 인간만이 줄 수 있는 영역이다.

일론 머스크의 화성 이주 비전은 기술적 도전을 넘어 인류의 미래에 영감을 불어넣는다. 그가 그리는 화성에서의 삶은 새로운 모험이자 인류 문명의 지평을 여는 상징적 의미를 지닌다. 이는 사람들에게 먼 미래를 상상하고 그를 향한 동기를 부여한다. 그래서 사람들이 테슬라나 스페이스X에 단순한 투자가 아닌 미래에 대해 투자한다고 느낀다.

이처럼 미래 아웃컴 설계 능력은 AI 시대 리더의 필수 역량이 되었다. 성공한 브랜드 리더들은 모두 자신만의 독특한 미래 그림을 갖고 있으며, 그것을 다른 사람들과 공유하는 능력을 보유하고 있다.

영화 제작 방식을 활용한 미래 설계

비전 스토리보드 기법은 영화 제작자가 시나리오를 장면별로 구체화하는 방식을 리더십 비전 설계에 적용한 방법론이다. 막연한 미래 계획을 영화 장면처럼 생생하고 구체적인 이미지로 변환하는 것이 핵심이다.

4단계 장면 구성으로 진행한다. 장면 1은 "오늘의 현실"로 현재 상황을 솔직하게 인식한다. 장면 2는 "1년 후 일상"으로 구체적인 일과를 그린다. 장면 3은 "3년 후 임팩트"로 내가 만든 변화와 영향력을 구상한다. 장면 4는 "5년 후 레거시"로 사람들이 나를 기억하는 모습을 그린다.

장면마다 시간, 장소, 등장인물, 대화, 분위기, 감정까지 세세하게 그려 내야 한다. 단순한 성과나 수치가 아니라 그 순간의 생생한 경험과 감정을 담아내는 것이 핵심이다.

실제 적용 사례: 마케팅 팀장의 비전 스토리보드

한 중견기업 마케팅 팀장이 "창의적이고 적극적인 팀 문화 만들기"라는 비전을 구체적인 장면들로 구현한 사례를 보자.

장면 1(현재): "지금 우리 회의실. 팀원 다섯 명이 앉아 있지만, 발언은 나만 한다. 새로운 아이디어를 제안해도 '안 될 것 같은데요'라는 반응부터 나온다."

장면 2(1년 후): "브레인스토밍 시간. 김 대리가 먼저 손을 들고 아이디어를 제안한다. 다른 팀원들도 하나둘 의견을 보탠다."

장면 3(3년 후): "우리 팀 캠페인이 전사 우수 사례로 발표된다. 발표자는 내가 아니라 팀원이다. '우리 팀장님이 자유롭게 도전할 수 있는 환경을 만들어 주셔서 가능했습니다'라고 말한다. 청중석에서 박수가 터진다."

감정 연결 질문법

스토리보드의 각 장면에서 자신과 타인의 감정을 구체화하는 것이 이 기법의 핵심이다. 인지심리학자 대니얼 카너먼(Daniel Kahneman)의 연구에 따르면, 인간의 의사 결정에는 논리보다 감정이 더 큰 영향을 미친다(Kahneman, 2011). 따라서 비전에 감정적 요소를 담아내는 것이 중요하다.

나의 감정을 구체화하는 질문들이 있다. "이 순간 내 가슴은 어떻게 뛰고 있을까?", "이 성취를 이뤘을 때 가장 먼저 떠오르는 사람은 누구일까?" 같은 질문이다.

타인의 감정을 상상하는 질문들도 있다. "팀원들은 이 비전을 들었을 때 어떤 표정을 지을까?", "고객들은 우리의 이런 변화를 어떻게 받아들일까?" 같은 질문이다.

마케팅 팀장 사례에서 "우리 팀장님이 자유롭게 도전할 수 있는 환경을 만들어 주셔서 가능했습니다"라는 표현이 강력한 이유는 단순한 성과 지표가 아니라 팀원의 감정 변화까지 구체적으로 상상했기 때문이다.

함께하고 싶어 하는 비전 만들기

개인 성공에서 집단 성장으로의 프레임 전환

혼자만의 꿈은 아무도 따르지 않는다. 사람들이 자신의 미래를 그 비전 안에서 볼 수 있어야 한다. "내가 성공하면 당신도 이런 기회를 얻는다"라는 메시지가 명확해야 한다.

예를 들어 "5년 후 내가 업계 최고 전문가가 된다"는 개인 중심 접근보다는 "5년 후 우리 팀 출신들이 업계 곳곳에서 리더가 되어 있다"는 공동체 중심 접근이 훨씬 강력하다.

국내 한 스타트업 CEO는 전체 직원 앞에서 이렇게 말했다. "3년 후 우리가 업계 1위가 되면, 여러분은 단순한 직원이 아니라 '업계 최고 회사를 만든 창립 멤버'가 됩니다. 여러분의 이력서에는 회사 이름과 함께 그 자부심이 새겨질 것입니다." 이 말을 들은 직원들의 눈빛이 달라졌다.

"상상해 보세요" 스토리텔링 구조

사람들의 마음을 움직이는 비전 스토리에는 공통된 구조가 있다. 핵심은 듣는 사람들이 머릿속에 생생한 그림을 그릴 수 있게 하는 것이다.

"상상해 보세요. 1년 후 우리가 [구체적 상황]에 있다면…. 그때 우리는 [구체적 모습/성과]를 하고 있을 것이고, 사람들은 우리를 보며 [구체적 반응]을 할 것입니다. 3년 후에는 [더 큰 임팩트와 변화]…. 함께 이 미래를 만들어 가지 않으시겠어요?"라는 식으로 구성하면 듣는 사람들이 자연스럽게 그 미래 속 자신의 모습을 상상하게 된다.

효과적인 비전은 듣는 사람마다 자신만의 의미를 발견할 수 있도록 설계되어야 한다. 성장 지향적 사람에게는 전문가로서의 성장 기회를, 관계 지향적 사람에게는 더 끈끈한 팀워크를, 성취 지향적 사람에게는 업계 인정

받는 계기로 받아들여져야 한다.

AI와 함께하는 비전 실현 가속화

AI 이미지 생성과 스토리 고도화

텍스트로만 표현된 비전은 한계가 있다. AI 이미지 생성 도구를 활용하면 말로 표현하기 어려운 미래의 모습을 실제 이미지로 구현할 수 있다. 머릿속에서 상상한 비전을 구체적인 시각 자료로 만들어 내는 것이다.

팀 리더라면 "현대적 회의실에서 활발하게 토론하는 직장인들, 밝고 협력적인 분위기"라고 AI에게 요청할 수 있고, 창업가라면 "성공한 스타트업 오피스, 직원들이 자부심을 느끼고 협업하는 장면, 에너지 넘치는 분위기"로, 개인이라면 "자신감 있는 한국인 전문가가 콘퍼런스에서 발표하는 모습, 청중들이 집중해 듣고 있는 장면"으로 프롬프트를 작성해 비전을 시각화 작업을 할 수 있다.

혼자 작성한 비전 스토리는 주관적 편향이나 논리적 허점이 있을 수 있다. AI를 활용해 "이 비전이 팀원들에게 어떻게 들릴지 객관적으로 분석해 줘", "더 감동적이고 실현 가능해 보이도록 스토리를 다듬어 줘" 같은 요청을 통해 비전의 완성도를 높일 수 있다. 특히 AI는 다양한 관점에서 비전을 검토하고, 놓쳤던 감정적 요소나 논리적 연결점을 보완해 준다.

지속 가능한 비전 관리 시스템

비전은 한번 만들고 끝나는 것이 아니라 지속해서 발전시켜야 한다. AI를 활용한 정기적 점검 시스템을 구축하자.

일상 속 비전 관리 루틴을 만들어 보자. 매일 아침 5분은 "오늘 내 행동이 설정한 비전에 한 걸음 다가가는 방향인가?" 자기 점검을 한다. 월 1회 30분은 환경 변화를 반영한 비전 업데이트를 검토한다.

이때 AI의 객관적 분석이 큰 도움이 된다. "내 비전과 최근 1개월간의 주요 행동들을 비교 · 분석해서 일치하는 부분과 개선이 필요한 부분을 구체적으로 제시해 줘" 같은 프롬프트로 정기적인 점검을 받을 수 있다. AI는 감정적 편향 없이 비전과 실제 행동 사이의 갭을 분석하고, 보완해야 할 구체적인 방향을 제시해 준다.

완벽한 비전을 만들려고 하지 말자. 중요한 것은 사람들이 "그 미래에 나도 함께하고 싶다"라고 느끼게 만드는 것이다. 당신의 머릿속에만 있던 그림을 다른 사람들도 보고 싶어 하는 생생한 현실로 만들어 보자. 비전 스토리보드 기법을 통해 만들어진 구체적이고 감동적인 미래 그림은 단순한 목표를 넘어 사람들의 마음을 움직이는 강력한 동력이 될 것이다.

참고문헌

Capodagli, W. & Jackson, L.(1998). *The Disney way: Harnessing the management secrets of Disney in your company.* McGraw-Hill. 이호재·이정 옮김(2000). 《디즈니 꿈의 경영》. 21세기북스 ; 서미석 옮김(2019). 《디즈니 웨이. 전 세계를 사로잡은 콘텐츠 기업의 모든 것》. 현대지성.

Heath, C. & Heath, D.(2007). *Made to stick: Why some ideas survive and others die.* Random House. 안진환 옮김(2008). 《스틱!》. 웅진지식하우스.

Kahneman, D.(2011). *Thinking, fast and slow.* Farrar, Straus and Giroux. 이창신 옮김(2012). 《생각에 관한 생각》. 김영사.

Kotter, J. P.(1995). Leading change: Why transformation efforts fail. *Harvard business review,* 73(2), pp.59-67, https://hbr.org/1995/05/leading-change-why-transformation-efforts-fail-2

08
퓨처 백 실행 전략

"10년 후 성공한 모습을 그렸다면, 내일 아침부터 무엇을 해야 할까?" 대부분은 목표를 세울 때 현재에서 출발해 미래로 향하는 방식을 사용한다. 퓨처 백은 원하는 미래에서 출발해 현재까지 거꾸로 내려오며 실행 전략을 설계하는 혁신적 사고법이다. 특히 리더십 브랜딩에서 퓨처 백은 현재의 제약을 뛰어넘어 브랜드 리더로 성장하는 혁신적 경로를 제시한다. AI와 함께 활용하면 더욱 정교하고 실현 가능한 전략을 만들 수 있다.

AI와 인재 채용?

퓨처 백 전략의 필요성

현재 편향의 함정과 퓨처 백의 등장 배경

대부분의 목표 설정은 현재 편향(Present Bias)의 함정에 빠진다. 현재 가진 역량과 제약 조건에서 출발하다 보니 안전하고 점진적인 목표만 세우게 된다(O'Doghue & Rabin, 1999). 존슨은 이를 "현실의 중력(Gravity of Reality)"이라고 표현했다. 현재 상황이 상상력을 제약해 혁신적 사고를 막는다는 의미다(Johnson et al., 2008).

전통적 계획 수립 방식의 한계는 세 가지다. 첫째, 현재 역량 중심의 제한적 사고다. "우리가 할 수 있는 것"에서 출발하면 "해야 하는 것"을 놓치기 쉽다. 둘째, 점진적 개선에 머무는 안전 지향성이다. 작은 변화로는 브랜드 리더로 도약할 수 없다. 셋째, 환경 변화에 대한 수동적 대응이다. 변화를 예측하고 선제적으로 준비하지 못한다.

퓨처 백이 리더십 브랜딩에 미치는 효과

퓨처 백은 리더십 브랜딩에 세 가지 혁신적 변화를 불러온다.

첫째, 제약 없는 창의적 사고다. 현재 불가능해 보이

는 일도 미래 관점에서는 당연한 단계로 보인다. "나 같은 사람이 어떻게 업계 최고가 될 수 있을까"라는 의구심 대신 "업계 최고가 된 나는 어떤 과정을 거쳤을까"라는 건설적 사고로 전환된다.

둘째, 일관된 브랜드 스토리 구축이다. 모든 행동이 하나의 큰 그림을 향해 정렬된다. 개별적이고 산발적인 노력이 아니라 일관된 브랜드 스토리를 만들어 가는 과정이 된다. 매일의 작은 선택도 "이것이 5년 후 내 모습에 도움이 되는가?"라는 기준으로 판단할 수 있다.

셋째, 전략적 사고 능력 개발이다. AI 시대에 필수적인 미래 예측과 대응 능력을 기를 수 있다. 기술 변화 속도가 빨라질수록 미래를 그리고 역산하는 능력이 더욱 중요해진다. 퓨처 백은 불확실한 미래에 대응하는 적응력과 통찰력을 동시에 키워 준다.

리더십 브랜딩을 위한 퓨처 백 설계법

3단계 퓨처 백 핵심 프로세스

1단계는 미래 앵커 포인트 설정이다. 구체적인 시점과 상황으로 미래를 고정한다. 막연한 "언젠가"가 아니라 "2029년 12월, 서울 코엑스에서 열리는 디지털 혁신 콘퍼런스에서 나는 500명 앞에서 'AI 시대 리더십'이라는 주제로 기조연설하고 있다"처럼 구체적으로 설정한다. 날짜, 장소, 상황이 명확할수록 역산 계획도 정확해진다.

2단계는 역방향 마일스톤 분해다. 그 시점에서 거꾸로 내려오며 필수 조건들을 찾아낸다. 2029년 기조연설을 하려면 2028년에는 해당 분야에서 충분한 인지도와 전문성을 갖춰야 한다. 2027년에는 주요 성과와 저서 출간이 있어야 한다. 2026년에는 사내에서 관련 프로젝트를 성공적으로 이끌어야 한다. 이처럼 단계별로 필요조건을 역산한다.

3단계는 현재-미래 갭 분석 및 실행 계획이다. 미래 모습과 현재 모습 사이의 구체적 차이점을 파악한다. 부족한 역량, 필요한 경험, 구축해야 할 네트워크, 확보해야 할 리소스를 명확히 한다. 이 갭이 클수록 더 혁신적인 접근이 필요하다는 신호다. 당장 시작해야 할 것과 나중에 해도 되는 것을 구분해 실행 우선순위를 정한다.

브랜드 리더를 위한 특화 요소

퓨처 백을 단순한 개인 성장 계획이 아닌 브랜드 리더십 전략으로 만들려면 추가 요소가 필요하다. 영향력 확산 계획은 개인 성장이 어떻게 팀 변화로, 조직 혁신으로, 업계 리더십으로 확산될 것인지 단계별 설계다. 나 혼자만 성장하는 것이 아니라 주변을 함께 성장시키는 과정이 포함되어야 한다.

스토리 연결성은 각 단계가 하나의 일관된 브랜드 스토리로 연결되는 것이다. "우연히 성공한 사람"이 아니라 "일관된 철학으로, 체계적으로 성장한 리더"라는 내러티브를 만들어 가야 한다. 메시지 진화는 시간에 따른 메시지의 깊이와 확장성을 고려하는 것이다. 초기에는 실무 전문성을 강조하다가 점차 리더십 철학과 조직 문화로 메시지를 발전시켜 나간다.

실제 적용 사례: IT 팀장의 퓨처 백 설계

미래 비전 포인트는 "2028년 12월, 나는 업계 최고 디지털 트랜스포메이션 전문가로 인정받아 대한상공회의소에서 'AI 시대 조직 혁신 전략'이라는 주제로 300명의 CEO 앞에서 강연하고 있다"로 설정되었다.

역방향 마일스톤은 다음과 같이 구성되었다. 2028년은 업계 인정, CEO 대상 강연, 저서 베스트셀러의 단계다. 2027년은 주요 콘퍼런스 3곳 발표, 《AI 시대 조직 디지털 혁신》 출간 시점이다. 2026년은 자사 DT(Digital

Transformation, 디지털 전환) 프로젝트 대성공으로 업계 주목, 외부 강연 시작이 목표다. 2025년은 DT 관련 고급 자격증 취득, 사내 프로젝트 주도가 계획되었다.

현재 갭 분석 결과 DT 전문 지식 부족, 대외 인지도 제로, 강연 경험 없음, 저술 경험 없음이 확인되었다. 즉시 실행 계획으로 이번 주부터 DT 관련 도서 월 두 권 읽기, 다음 달부터 관련 온라인 강의 수강, 분기별 업계 세미나 참석이 수립되었다.

AI를 활용한 퓨처 백 실행 가속화

포스트잇과 AI의 하이브리드 백 캐스팅

손으로 쓰고, 붙이고, 옮기는 물리적 작업은 뇌의 다양한 영역을 활성화한다. 포스트잇에 "5년 후 해야 할 일", "3년 후 해야 할 일", "1년 후 해야 할 일"을 적어서 벽에 붙여가며 시각적으로 연결 고리를 만드는 과정에서 놓쳤던 아이디어들이 떠오른다.

AI 지원 포스트잇 작업 프로세스는 세 단계로 진행된다. 사전 브레인스토밍 단계에서 포스트잇 작업 전에 AI에게 먼저 물어본다. "내가 'AI 시대 조직 혁신 전문가'가 되려면 5년 후, 3년 후, 1년 후에 각각 어떤 상태여야 하는지 시점별로 5가지씩 제안해 줘." 이렇게 나온 아이디어들을 참고해서 포스트잇에 적을 내용을 미리 정리한다.

실시간 지원 단계에서는 물리적 작업을 하다가 막힐 때 즉시 AI에게 질문한다. "3년 후와 1년 후 사이에 빠진 단계가 있을까?", "이 흐름에서 놓치고 있는 중요한 요소는?", "현실적으로 실행 가능한지 검토해 줘" 같은 질문으로 작업을 보완한다.

완성 후 최적화 단계에서는 포스트잇으로 만든 전체 구조를 AI에게 설명하고 피드백 받는다. AI는 시각적 정보를 분석해서 놓친 연결 고리나 개선점을 찾아 준다.

색상 코딩과 디지털 연결 시스템

포스트잇을 색깔별로 분류하면 더 체계적인 분석이 가능하다. 노란색은 개인 역량 개발, 파란색은 네트워킹 및 관계 구축, 분홍색은 구체적 성과 창출, 초록색은 브랜딩 및 홍보 활동으로 구분한다. 완성된 보드를 사진으로 찍어서 AI에게 "색깔별로 균형이 맞는지, 어떤 영역에 더 집중해야 하는지 분석해 줘"라고 요청한다.

AI는 색상 분포를 분석해서 편중된 영역이나 부족한 영역을 찾아 준다. 예를 들어 개인 역량 개발에만 치중되어 있고 네트워킹이 부족하다면 관계 구축 활동을 보강하라고 제안한다. 이런 객관적 분석을 통해 균형 잡힌 퓨처 백 전략을 수립할 수 있다.

다중 시나리오 플래닝과 리스크 대응

"내 목표를 달성하는 세 가지 다른 경로를 제시해 줘"라고 AI에게 요청한다. 보수적 경로, 공격적 경로, 창의적 경로를 각각 제안받아서 비교 분석한다. 각 경로의 장단점을 파악하고, 자신의 성향과 상황에 맞는 최적 경로를 선택할 수 있다.

"각 경로에서 예상되는 장애물과 대응 방안을 분석해 줘"라고 요청해서 리스크를 사전에 파악한다. AI는 단계별로 발생 가능한 리스크를 분석하고 사전 대비책을 제안한다. 예를 들어 저서 출간 계획이 지연될 경우의 대안, 주요 프로젝트가 실패할 경우의 대응 방안 등을 미리 준비할 수 있다.

지속 가능한 실행 시스템

월간 포스트잇 리뷰 시스템을 통해 매월 포스트잇 보드를 다시 보면서 달성한 것은 다른 색으로 표시한다. AI에게 "지난달 계획 대비 실제 성과를 보고할게. 다음 달 집중해야 할 우선순위 세 가지를 제안해 줘"라고 요청한다.

분기별 전략 조정에서는 3개월마다 전체 계획을 재검토한다. "원래 계획에서 이런 변화가 생겼어. 전체 계획을 어떻게 조정하면 좋을까?"라고 AI에게 상담받아 환경 변화나 새로운 기회를 반영해서 계획을 업데이트한다.

내 퓨처 백 계획을 팀의 성장과 연결한다. "내가 전문가로 성장하는 과정에서 여러분도 함께 성장할 기회를 만들겠다"라는 메시지로 팀원들의 동기를 끌어내고, 개인 브랜딩이 조직 혁신으로 확산되도록 설계한다.

퓨처 백은 단순한 계획 수립 방법이 아니라 사고방식의 전환이다. 현재의 제약에 갇히지 않고 원하는 미래에서 출발해 오늘의 행동을 설계하는 것이다. AI의 도움을 받아 더욱 정교하고 현실적인 리더십 브랜딩 전략을 만들어 갈 수 있다. 포스트잇으로 시작한 작은 아이디어가 AI와 만나 체계적인 실행 전략으로 발전하고, 그것이 브랜드 리더로의 여정을 이끌어 갈 것이다.

참고문헌

Johnson, M. W. et al.(2008). Reinventing your business model. *Harvard business review,* 86(12), pp.50-59, https://hbr.org/2008/12/reinventing-your-business-model

Johnson, M. W.(2010). *Seizing the white space: Business model innovation for growth and renewal.* Harvard business press.

O'Doghue, T., & Rabin, M. (1999). Doing it now or later. *American Economic Review*, 89(1), pp.103-124, https://www.aeaweb.org/articles?id=10.1257/aer.89.1.103

09
AI 시대의 리더십 브랜딩 설계법

마치 건축가가 개별 설계도들을 종합해 하나의 완성된 건물을 만들어 내듯, 우리도 지금까지 발견한 강점, 가치관, 정체성, 비전을 하나의 일관된 리더십 브랜드로 통합해야 한다. AI 시대 리더십 브랜딩의 핵심은 일관성 있는 통합 설계다. 회의실에서의 나, 고객 앞에서의 나, 소셜 미디어에서의 내가 모두 같은 사람이라는 것을 느낄 수 있어야 한다. 구체적인 AI 프롬프트와 실행 가이드 중심으로 구성했다.

AI와 기자?

AI와 함께하는 브랜드 핵심 설계

리더십 브랜드의 가장 중심에는 '핵심 정체성'이 있다. 이것은 당신이 누구인지, 무엇을 중요하게 생각하는지, 어떤 가치를 제공하는지를 한 문장으로 압축한 것이다.

1단계: 핵심 정체성 도출

자기 탐색을 통해 발견한 요소들을 하나로 모아 AI의 도움을 받아 핵심 키워드를 도출한다.

〈프롬프트 예시: 1단계〉

나의 핵심 가치관: [앞서 발견한 가치관 3개].
나의 주요 강점: [앞서 발견한 강점 5개].
나의 리더십 목적: [앞서 정의한 목적].
나의 비전: [앞서 설정한 비전].

이 요소들을 종합해서 나의 리더십 브랜드 핵심을 세 가지 키워드로 정리해 줘.
키워드별로 왜 그것이 나의 핵심인지 근거도 함께 제시해 줘.

2단계: 상황별 메시지 개발

도출된 핵심 키워드를 바탕으로 상황에 따라 달리 표현할 메시지를 체계적으로 준비한다.

〈프롬프트 예시: 2단계〉

앞서 도출한 세 가지 핵심 키워드를 바탕으로 다음 세 가지 상황에서 사용할 수 있는 핵심 메시지를 각각 만들어 줘:

1. 팀원들에게 나의 리더십 철학을 설명할 때(30초 버전).
2. 동료나 상사에게 나의 강점을 어필할 때(1분 버전).
3. 외부에서 나를 소개할 때(2분 버전).

각 메시지는 진정성 있고, 기억하기 쉽고, 행동으로 증명 가능해야 해.

3단계: 차별화 포인트와 브랜드 언어 정립

같은 업계의 다른 리더들과 구별되는 독특함을 발견하고, 동시에 일관된 커뮤니케이션 스타일을 설계한다.

〈프롬프트 예시: 3단계〉

내가 속한 업계/조직에서 일반적인 리더들의 특징: [업계 리더 특징].
나의 성격 특성: [솔직한 자기 분석].
나의 업무 환경: [조직 문화, 업계 특성].

다음을 종합 분석해서:
1. 나만의 차별화 포인트 3가지(구체적 예시와 활용법 포함).
2. 기본 커뮤니케이션 톤(전문적/친근한/카리스마틱/겸손한 등).
3. 피해야 할 언어/표현들.
4. 브랜드 연상 키워드 12개(전문성 4개, 리더십 스타일 4개, 개인 특성 4개).

각 키워드를 사람들에게 각인시킬 구체적 방법도 제시해줘.

4단계: 브랜드 정체성의 가시화

확립된 브랜드 정체성을 실제로 표현하고 전달할 수 있

는 구체적 형태로 만드는 단계다. 디지털 시대에는 온라인 프로필이 첫인상을 결정하는 경우가 많으므로, 플랫폼별 특성을 고려하면서도 일관된 브랜드 이미지를 구축하는 것이 중요하다.

앞서 정립한 브랜드 핵심 정체성, 메시지, 차별화 포인트를 바탕으로 다음 요소들을 최적화해 줘.

1. 핵심 브랜드 문장:
- 나를 한 문장으로 정의하는 브랜드 스테이트먼트.
- 명함이나 이메일 서명용 짧은 태그 라인.

2. 플랫폼별 프로필 최적화:
- 링크드인 헤드라인(120자 이내) + 요약 섹션(핵심 메시지 반영).
- 사내 프로필 자기소개(100자 이내).
- 회사 소개 자료용 약력(200자 이내).

3. 자기소개 스크립트:
- 네트워킹용 30초 피치.
- 회의 시작 시 1분 소개.

- 외부 발표용 2분 소개.

각각이 일관된 브랜드 정체성을 유지하면서도 상황과 플랫폼 특성에 맞게 최적화되도록 해줘. 특히 차별화 포인트가 자연스럽게 드러나도록 구성해 줘.

AI 기반 영향력 확산 전략

이해관계자 중심 영향력 설계

리더십 브랜딩은 혼자 하는 작업이 아니다. 나와 관련된 모든 사람들에게 일관된 브랜드 경험을 제공해야 진정한 영향력이 생긴다.

〈프롬프트 예시: 이해관계자 영향력 확산 전략〉

나와 이해관계가 있는 사람들을 체계적으로 분석해 줘.

내부 이해관계자:
- 직속 팀원 [인원수] 명 : [특성 간단히].
- 동료 리더들 [인원수] 명 : [특성 간단히].
- 직속 상사와 임원진 : [특성 간단히].

외부 이해관계자:

- 주요 고객/파트너 : [특성 간단히].
- 업계 관계자들 : [특성 간단히].

그룹별로:

1. 현재 나에 대한 인식 수준(1~5점).
2. 목표 인식 수준(1~5점).
3. 각 그룹에 효과적인 브랜딩 접근법.
4. 3개월, 6개월 단위 영향력 확산 로드맵.

채널별 브랜딩 전략도 함께 제시해 줘:

- 사내: 팀 회의, 이메일, 프레젠테이션.
- 대외: 링크드인, 세미나, 네트워킹.

브랜드 스토리와 콘텐츠 전략

과거-현재-미래를 연결하는 일관된 스토리라인을 구축하고, 이를 다양한 채널에서 활용할 수 있도록 체계화한다.

〈프롬프트 예시: 통합 스토리텔링 전략〉

내 브랜드 핵심을 바탕으로 다음을 통합 설계해 줘.

1. 개인 브랜드 스토리 아크:
- 출발점: 과거의 나(도전이나 계기).
- 전환점: 변화의 순간들(학습과 성장).
- 현재: 지금의 나(성과와 철학).
- 미래: 향하고 있는 방향(비전과 목표).

2. 상황별 스토리 버전:
- 30초 버전(엘리베이터 피치).
- 3분 버전(발표나 강연용).

3. 플랫폼별 프로필 최적화:
- 링크드인 헤드라인과 요약(핵심 메시지 반영).
- 사내 프로필(100자 이내).
- 명함/이메일 서명(한 줄 메시지).

각각이 일관된 브랜드를 유지하면서도 특성에 맞게 조정되도록 해 줘.

30일 브랜딩 실행 플랜

체계적인 실행을 위한 주차별 집중 계획이다.

1주차는 브랜드 기반 구축이다. 앞서 제시한 3단계 프롬프트를 활용해 핵심 정체성, 메시지, 차별화 포인트를 완성하고 프로필을 업데이트한다.

2주차는 관계 지도 작성이다. 이해관계자 분석을 완료하고, 개인 브랜드 스토리를 개발하며, 채널별 전략을 수립한다.

3주차는 실제 브랜딩 활동 시작이다. 사내 커뮤니케이션(회의, 이메일, 1:1 미팅)과 대외 활동(링크드인 포스팅, 네트워킹)을 병행 실행한다.

4주차는 성과 분석과 조정이다. 피드백을 수집하고, 전략을 미세 조정하며, 향후 3개월 계획을 수립한다.

핵심 AI 프롬프트 10개

실전에서 가장 자주 사용할 핵심 프롬프트들이다.

브랜드 정의용 프롬프트 세 가지는 기본 브랜드 구축에 사용한다. 첫 번째는 “내 가치관 [ ], 강점 [ ], 목적[ ]을 바탕으로 나를 한 문장으로 정의해 줘. 세 가지 버전으로 만들어 줘"다. 두 번째는 "내 업계에서 일반적인 리더 특성은 [ ]이야. 내 특성[ ]과 비교해서 독특한 차별화 포인트 세 가지를 찾아 줘"다. 세 번째는 "내 브랜드 정의[ ]를 바탕으로 사람들이 나를 떠올릴 때 연상했으면 하는 키워드 15개를 카테고리별로 만들어 줘"다.

콘텐츠 제작용 프롬프트 세 가지는 일상적인 소통에서 활용한다. 네 번째는 "주제: [ ], 내 브랜드 키워드: [ ] 이를 바탕으로 사람들의 참여(좋아요, 댓글, 공유)를 많이 이끌어낼 수 있는 링크드인 포스트를 써 줘"다. 다섯 번째는 "상황: [네트워킹/면접/강연], 시간: [30초/1분/3분] 내 브랜드 메시지가 자연스럽게 들어간 자기소개를 만들어 줘"다. 여섯 번째는 "발표 주제 [ ], 청중 [ ], 내 브랜드 메시지 [ ] 이를 종합해서 인상적인 프레젠테이션 도입부를 만들어 줘"다.

관계 구축용 프롬프트 두 가지는 네트워킹과 팀 관리에 사용한다. 일곱 번째는 "타깃 인물 [ ], 만날 수 있는 상황 [ ] 내 브랜드 가치를 어필하면서 관계를 구축할 수 있는 접근 전략을 만들어 줘"다. 여덟 번째는 "팀 상황 [ ], 전달하고 싶은 메시지 [ ] 내 리더십 브랜드가 드러나는 팀 미팅 멘트를 만들어 줘"다.

성과 분석용 프롬프트 두 가지는 지속적인 개선에 활

용한다. 아홉 번째는 "지난 한 달간 브랜딩 활동: [ ], 받은 피드백: [ ] 성과를 분석하고 다음 달 개선점 세 가지를 제안해 줘"다. 열 번째는 "받은 피드백들: [긍정적] [부정적] [중립적] 이를 바탕으로 브랜드 전략을 어떻게 조정하면 좋을지 분석해 줘"다.

지속 가능한 브랜드 관리

성공적인 리더십 브랜딩을 위해서는 주기적인 점검과 지속적인 관리가 필요하다. 이를 위해 다음과 같은 통합 체크리스트를 활용할 수 있다.

1. 일관성(Consistancy): 나의 브랜드 정체성이 언행, 커뮤니케이션, 의사 결정 등 모든 영역에서 일관되게 드러나고 있는가? 상황에 맞는 유연한 표현을 하되 핵심 가치는 흔들리지 않고 있는가?

2. 진정성(Authenticity): 내 브랜드 메시지와 실제 행동이 일치하는가? 내가 보여 주는 모습이 진짜 나의 모습인가? 브랜드 약속을 행동으로 증명하고 있는가?

3. 영향력(Impact): 내 브랜드가 팀, 조직, 이해관계자들에게 긍정적인 영향을 미치고 있는가? 구체적인 성과나 피드백으로 확인할 수 있는 영향력이 있는가?

4. 성장성(Growth): 피드백과 성찰을 통해 브랜드를

지속적으로 발전시키고 있는가? 환경 변화를 감지하고 브랜드를 진화시킬 준비가 되어 있는가?

이 체크리스트를 주간, 월간 단위로 점검하며, 부족한 부분은 보안할 구체적 계획을 세운다. 장기적 브랜드 관리 원칙으로는 ▲일관성 유지 ▲진정성 담보 ▲가치 창출 ▲지속적 진화를 명심한다. 리더 개인의 성장과 브랜드 발전을 함께 도모하는 일상적 실천이 중요하다.

AI는 이 모든 과정을 가속하고 정교화하는 도구다. 하지만 AI는 어디까지나 도구일 뿐, 그 자체로 브랜드 리더를 만들어 주지는 않는다. 진정한 리더십 브랜딩은 리더 개인의 진정성과 일관된 노력에서 비롯된다. AI를 현명하게 활용하되, 리더십 브랜딩의 주체는 언제나 리더 자신이어야 한다. 자신의 가치관과 비전을 토대로, AI와 함께 성장하는 리더가 되기를 바란다.

참고문헌

Aaker, D. A.(1996). *Building strong brands*. Free Press.

Aaker, D. A.(2004). *Brand Portfolio Strategy. Creating Relevance, differentiation, energy, leverage, & clarity*. Free Press. 이상민 옮김(2004). 《브랜드 포트폴리오 전략》. 비즈니스북스.

Keller, K. L. & Swaminathan, V.(2020). *Strategic Brand Management*. Pearson.

10
윤리와 지속 가능성

당신은 이제 강력한 브랜드와 영향력을 가진 리더가 되었다. AI를 활용한 체계적인 브랜딩으로 소셜 미디어 확산력, 정교한 콘텐츠 생산력, 데이터 기반 타기팅까지 모든 것을 갖춘 상태다. 하지만 여기서 진짜 질문이 시작된다. 이 힘을 어떻게 사용할 것인가? AI 시대의 리더십은 단순히 개인의 성공을 넘어 사회적 책임과 지속 가능한 가치 창출을 요구한다. 리더십 브랜드를 윤리적이고 지속 가능하게 활용하는 실천적 나침반이다.

AI와 미래 의사?

AI 시대 리더십 딜레마: 진정성 vs 포장

AI를 활용하면 거의 완벽한 브랜드 메시지를 만들 수 있다. 적절한 키워드, 매력적인 스토리텔링, 감정적 어필까지 모든 것이 최적화된다. 하지만 여기서 근본적인 질문이 생긴다. 이렇게 만들어진 메시지가 진짜 나를 대변하는가?

많은 리더가 소셜 미디어에서는 완벽한 모습만 보여주려고 한다. 성공 사례만 선별적으로 공유하고, 실패나 고민은 감추며, AI의 도움으로 세련된 언어로 포장한다. 문제는 이런 방식으로 구축된 브랜드는 지속되지 않는다는 것이다. 언젠가 실제 모습과 브랜드 이미지 사이의 괴리가 드러나고, 그때 잃는 신뢰는 회복하기 어렵다.

어빙 고프먼(Erving Goffman)은 일상생활에서 자아 표현에 대한 연구에서 사람들이 상황에 따라 다른 모습을 보여 준다고 분석했다(Goffman, 1956). 하지만 AI 시대에는 이런 '무대 위의 연기'가 더욱 정교해질 수 있어, 진정성과 포장 사이의 경계가 모호해진다.

진정성 있는 브랜딩의 핵심 원칙은 브랜딩은 포장이 아니라 본질의 명확한 표현이라는 것이다. AI 도구를 사용하되, 그것으로 거짓 이미지를 만드는 것이 아니라 진짜 나의 모습을 더 명확하고 매력적으로 표현하는 데 활용해야 한다.

적절한 균형점은 AI를 도구로 활용하되, 최종 판단과 책임은 내가 진다는 원칙이다. AI가 제안한 내용이라도 내가 검토하고 동의한 것이라면 내 콘텐츠가 맞다. 반면 AI가 만든 내용을 별다른 검토 없이 그대로 사용한다면 문제가 있다.

진정성을 유지하기 위한 체크 포인트들이 있다. 내가 발표한 내용을 실제로 실천하고 있는지, 실패나 약점을 솔직하게 인정할 수 있는지, 브랜드 메시지와 일상 행동이 일치하는지 점검해야 한다. AI의 도움을 받더라도 내 생각과 가치가 반영되었는지, 주변 사람들이 내 브랜드 이미지와 실제 모습을 일관되게 인식하는지도 확인이 필요하다.

지속 가능한 리더십 생태계 구축

진정한 리더십 브랜딩은 개인의 성장에서 끝나지 않는다. 개인의 발전이 조직의 혁신으로, 나아가 사회의 발전으로 이어져야 한다. 이런 선순환 구조를 의식적으로 설계하고 실행하는 것이 지속 가능한 리더십의 핵심이다.

개인 성장에서 공동체 번영으로

성공적인 선순환의 핵심은 개인의 성장이 더 큰 가치 창출로 이어지는 구조를 만드는 것이다. 많은 글로벌 기업의 임원들이 자신의 전문성을 개인 브랜드로 구축하면서도, 동시에 조직 내 인재 양성과 업계 발전에 기여하고 있다.

예를 들어, 당신이 AI 활용 전문성을 키워서 개인 브랜드를 구축했다면, 이 역량을 조직 내에서 어떻게 공유할 것인가? 팀원들에게 AI 도구 사용법을 가르치고, 조직의 디지털 트랜스포메이션을 이끌고, 나아가 업계 전체의 AI 활용 수준을 높이는 데 기여할 수 있다.

이런 접근 방식의 장점은 개인 브랜드가 더욱 견고해진다는 것이다. 나 혼자만 성장하는 것이 아니라 주변 사람들과 함께 성장하면, 더 많은 사람이 나의 가치를 인정하고 지지하게 된다.

AI 시대의 리더십 브랜딩은 ESG(환경 · 사회 · 지배구조) 가치와도 연결되어야 한다. 환경적 책임 측면에서는 과도한 디지털 콘텐츠 생산보다는 의미 있는 메시지에 집중하고, 지속 가능한 기업이나 활동을 지지하는 자세가 필요하다. 사회적 측면에서는 다양성과 포용성을 추구해야 한다. AI 기술의 혜택이 일부 계층에 집중되는 현실에서, 리더는 기술의 민주화와 포용적 성장에 기여해야 한다.

세대를 잇는 리더십과 미래 가치 창출

AI 네이티브 세대인 Z세대와 기존 세대 사이의 격차를 좁히는 것도 현대 리더의 중요한 역할이다. Z세대는 AI 도구 활용에 능숙하지만 깊이 있는 성찰이나 윤리적 판단에서는 경험이 부족할 수 있다. 반면 기성세대는 풍부한 경험과 가치관을 가지고 있지만 새로운 기술 적응에 어려움을 겪을 수 있다.

진정한 리더는 멘토링과 리버스 멘토링을 동시에 실천한다. 젊은 세대에게는 경험과 지혜를 전수하고, 동시에 그들로부터 새로운 기술과 트렌드를 배우는 자세를 유지한다. 이런 상호 학습을 통해 세대를 아우르는 리더십을 발휘할 수 있다.

나의 성공이 단순히 개인적 성취에 머물지 않고 다음 세대를 위한 토대가 되어야 한다는 관점이 중요하다. 지식과 경험을 공유하고, 더 나은 조직 문화를 만들며, 후배들이 성장할 수 있는 환경을 조성하는 것이 지속 가능한 리더십의 핵심이다. 나만의 노하우를 독점하는 것이 아니라 적절한 수준에서 공유해 업계 전체의 발전에 기여하는 리더가 진정 존경받는 브랜드를 만든다.

지속 가능한 영향력의 실천

개인 브랜딩에 몰두하다 보면 자신의 이익만 추구하게 될 위험이 있다. 하지만 진정으로 지속 가능한 리더십은 개인의 성공과 공동체의 번영이 조화를 이루는 것이다.

조직 내에서 개인 브랜드를 강화할 때도 마찬가지다. 나만 돋보이려고 다른 팀원들을 깎아내리거나, 팀의 성과를 개인의 공로로 포장해서는 안 된다. 대신 팀 전체의 성장과 성과를 통해 나의 리더십 역량을 보여 주는 것이 더 효과적이고 지속 가능하다.

건강한 영향력을 행사하는 리더는 팔로워들을 의존적으로 만들지 않는다. 대신 그들이 스스로 성장할 힘을 키워준다. 이는 앞서 언급한 '세대를 잇는 리더십'의 핵심이기도 하다. 진정한 리더는 후배들에게 당장의 해답만 제공하는 것이 아니라, 그들이 스스로 문제를 해결하고 성장할 수 있는 역량을 기를 수 있도록 돕는다.

윤리적 리더십 실천 가이드

리더는 매일 크고 작은 의사 결정을 내린다. 팀 미팅에서 어떤 의견을 지지할지, 소셜 미디어에 어떤 내용을 포스팅할지, 부하 직원의 실수를 어떻게 처리할지 등 모든 선택이 리더십 브랜드에 영향을 미친다.

윤리적 의사 결정을 위해서는 세 가지 관점에서 검토하는 것이 효과적이다. 첫째는 개인 이익 관점이다. 이 선택이 나에게 미치는 영향, 내 브랜드나 경력에 미치는 도움, 나의 가치관과의 일치 여부를 확인한다. 둘째는 조직 이익 관점이다. 이 선택이 팀이나 조직에 미치는 영향, 조직의 목표 달성에 대한 도움, 조직 문화나 동료들에게 미치는 긍정적 영향을 평가한다. 셋째는 사회 이익 관점이다. 이 선택이 사회 전체에 미치는 영향, 업계 발전에 대한 기여도, 미래 세대에게 더 나은 환경을 물려주는 데 대한 도움을 고려한다.

세 관점이 모두 긍정적이면 자신 있게 선택하면 된다. 만약 충돌이 있다면 장기적 관점에서 어떤 선택이 더 가치 있는지 신중하게 판단해야 한다.

AI 활용에서도 윤리적 기준이 필요하다. AI 도구를 사용할 때 저작권이나 개인정보를 침해하지 않는지, AI가 제안한 내용을 충분히 검토하고 책임질 수 있는지, AI 활용 사실을 적절히 공개하고 있는지, AI에 과도하게 의존하지 않고 내 판단력을 유지하고 있는지 점검해야 한다.

윤리적 리더십은 한 번의 결심으로 이뤄지지 않는다.

지속적인 성찰과 점검을 통해 유지하고 발전시켜야 한다. 월간 단위로는 나의 주요 의사 결정들이 윤리적이었는지, 개인 이익과 공동체 이익 사이에서 적절한 균형을 유지했는지, 팀원들이나 동료들에게 긍정적인 영향을 주었는지 확인한다. 분기별로는 내 리더십 브랜드가 조직에 미친 영향, 주변 사람들의 성장에 대한 도움, 부정적 영향의 유무와 개선 방안을 평가한다. 연간으로는 나의 행동과 선택이 내 핵심 가치와 일치했는지, 개인적 성장과 사회적 기여 사이의 균형이 적절했는지, 다음 해 리더십 발전 방향을 검토한다.

AI와 함께하는 지속 가능한 미래

강력한 브랜드와 영향력을 갖춘 리더가 되었다고 해서 여정이 끝나는 것은 아니다. 진짜 리더십은 그 브랜드를 통해 세상에 어떤 가치를 전달할 것인지를 결정하는 순간부터 시작된다.

AI 시대의 리더는 기술의 힘을 빌려 더 큰 영향력을 가질 수 있게 되었다. 하지만 그 힘을 어떻게 사용하느냐는 전적으로 리더 개인의 선택이다. 이마누엘 칸트가 제시한 정언 명령처럼, “네가 원하는 것이 보편적 법칙이 되기를 바라는 그런 방식으로만 행동하라”는 원칙이 더욱 중요해졌다.

당신의 리더십 브랜드는 세상을 어떻게 더 좋게 만들 것인가? 이 질문에 대한 답은 당신만이 할 수 있다. 하지만 한 가지 확실한 것은 진정으로 지속 가능한 리더십은 자신만의 성공을 넘어 다른 사람들의 성장과 사회의 발전에 기여할 때 완성된다는 것이다.

내가 구축한 리더십 브랜드를 바탕으로, 이제는 더 큰 꿈을 꿔 보자. 나의 성장이 팀의 발전으로, 조직의 혁신으로, 업계의 진보로, 그리고 사회의 긍정적 변화로 이어지는 선순환을 만들어 가자. 그것이 AI 시대에 우리가 추구해야 할 진정한 리더십이며, 윤리적이고 지속 가능한 브랜딩의 궁극적 목표다.

참고문헌

Brown, M. E. et al.(2005.7). Ehical leadership: A social learning perspective for construct development and testing. *Orgazational behavior and human decision processes*, 97(2), pp.117-134, https://www.sciencedirect.com/science/article/abs/pii/S0749597805000397

Carroll, A. B.(1991). The pyramid of corporate social responsibility: Toward the moral management of orgazational stkholders. *Business horizons*, 34(4), pp.39-48,

https://www.sciencedirect.com/science/article/abs/pii/0007681391900005G
Friede, G. et al.(2015). ESG and financial performance: Aggregated evidence from more than 2000 empirical studies. *Journal of sustainable finance & investment*, 5(4), pp.210–233, https://www.tandfonline.com/doi/full/10.1080/20430795.2015.1118917
Gerard, N. & Hoffer G. J.(2010). Relational leadership and sustainable performance. In Redekop, B. W.(Ed). *Leadership for Environmental Sustainabiity*. pp.100–115. Routledge.
Goffman, E.(1956). *The presentation of self in everyday life*. University of Edinburgh Social Sciences Research Centre, https://monoskop.org/images/1/19/Goffman_Erving_The_Presentation_of_Self_in_Everyday_Life.pdf

김영경

(주)더헤드코치 대표이자 계원예술대학교 광고브랜드디자인학과 외래교수다. 상담심리학 박사과정을 수료하고 연세대학교 교육학 석사학위를 취득했다. 1998년부터 27년간 기업 경영과 리더십 코칭 현장에서 활동해 오며, 현재까지 4011시간의 코칭을 통해 지멘스 헬시니어스, LG전자, 한화그룹, 현대자동차, 삼성전자, KB국민은행, KAIST과학영재연구원, 한솔그룹 등 국내외 주요 기업의 CEO와 임원·리더들을 만나고 있다. 국제코치연맹(ICF) 인증 PCC, 한국코치협회(KCA) 인증 KPC, 국제공인 NLP 트레이너, 국가공인 브레인트레이너, AQR 멘탈터프니스 전문가 등 20여 개의 국내외 전문 자격을 보유하고 있다. '정체성 기반 리더십 전환'과 'AI 코칭'을 융합한 독창적인 방법론을 개발했으며, 뇌과학과 바이오피드백 기술을 활용한 과학적 접근으로 데이터 기반 분석과 인간 중심 통찰을 결합한 리더십 브랜딩 교육을 확산시키고 있다. 최근에는 대홍기획과 파트너십을 통해 롯데 골프단과 스키·스노보드팀에 멘털 퍼포먼스 코칭을 제공하며 스포츠 분야로도 활동 영역을 확장하고 있다. 리더십 브랜딩 강의를 통해 이론과 실무의 완벽한 결합을 추구한다.